झाँसी की रानी लक्ष्मीबाई

झाँसी की रानी लक्ष्मीबाई

कल्पना गांगुली

प्रभात
प्रकाशन

प्रकाशक • **प्रभात प्रकाशन प्रा. लि.**
4/19 आसफ अली रोड,
नई दिल्ली–110002

संस्करण • 2024
मूल्य • तीन सौ पचास रुपए
मुद्रक • आर–टेक ऑफसेट प्रिंटर्स, दिल्ली

JHANSI KI RANI LAXMIBAI by Kalpana Ganguly ₹ 350.00
Published by Prabhat Prakashan Pvt. Ltd., 4/19 Asaf Ali Road, New Delhi-2
e-mail: prabhatbooks@gmail.com ISBN 978-93-5186-946-7

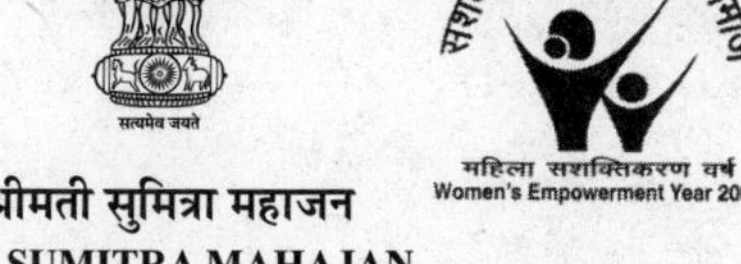

श्रीमती सुमित्रा महाजन
Smt. SUMITRA MAHAJAN

राज्य मंत्री
मानव संसाधन विकास मंत्रालय
(महिला एवं बाल विकास विभाग)
भारत सरकार
नई दिल्ली-110 001
MINISTER OF STATE FOR
HUMAN RESOURCE
DEVELOPMENT
(DEPT. OF WOMEN &
GOVERNMENT OF INDIA
NEW DELHI-110 001

प्रस्तावना

पिछले वर्ष महिला सशक्तिकरण वर्ष के अवसर पर जब महिलाओं के लिए प्रेरणादायी आधुनिक भारत की प्रमुख स्त्रियों, लोकमाता देवी अहिल्याबाई होल्कर, छत्रपति शिवाजी की माता जीजाबाई, झाँसी की रानी लक्ष्मीबाई, अपने न्यायिक अधिकारों के लिए लड़नेवाली तमिलनाडु की देवी कण्णगी तथा स्वतंत्रता संग्राम सेनानी नागालैंड की रानी गाइडिन्ल्यू के नाम पर पाँच राष्ट्रीय स्त्री शक्ति पुरस्कारों की स्थापना की गई थी। तभी यह विचार भी मन में उत्पन्न हुआ था कि पुरस्कार के साथ ही मातृशक्ति द्वारा किए गए अद्भुत कार्यों से भी नई पीढ़ी को परिचित कराया जाना चाहिए। विपरीत परिस्थितियों में भी धैर्य के साथ मार्गक्रमण करते हुए सफलता के शिखर पर पहुँचनेवाली इन स्त्रियों का जीवन-चरित्र जब नई पीढ़ी के समक्ष रखा जाएगा तो स्वाभाविक रूप से उन्हें भी विपरीत परिस्थितियों से संघर्ष करने की प्रेरणा मिलेगी। इसी विचार से इन महान् विभूतियों के जीवन-चरित्र को सरल तथा सुबोध भाषा में लोगों तक पहुँचाने का विचार उत्पन्न हुआ।

यह पुस्तक नई पीढ़ी के पाठकों के लिए उपयोगी तथा प्रेरणादायक सिद्ध होगी, ऐसी अपेक्षा है।

८ मार्च, २००२

(सुमित्रा महाजन)

भूमिका

भारत के इतिहास में जितना प्रभावशाली और प्रेरणादायी व्यक्तित्व झाँसी की रानी लक्ष्मीबाई का रहा है उतना शायद ही किसी अन्य महिला का रहा हो। सन् १८५७ के सैनिक-गदर के साथ उनका नाम प्रमुखता में आया और सन् १८५८ में ग्वालियर के समीप अंग्रेजों के साथ लड़ाई में शहीद होकर उन्होंने अपना नाम भारत के इतिहास में अमर कर लिया। लेकिन उनका बलिदान व्यर्थ नहीं गया। भारत की स्वतंत्रता का जो संग्राम रानी लक्ष्मीबाई ने अपनी बेमिसाल वीरता से शुरू किया था, वह धीरे-धीरे जोर पकड़ता गया, और अंततः हमें बहुमूल्य स्वतंत्रता प्राप्त हुई। उनकी ईमानदारी और वीरता को सही अर्थों में वीरोचित कहा जा सकता है। एक स्त्री होते हुए भी उन्होंने शक्तिशाली ब्रिटिश साम्राज्य के खिलाफ जिस तरह लड़ाई छेड़ी, उसका भारतीय इतिहास में कोई सानी नहीं है।

इस पुस्तक में रानी लक्ष्मीबाई के महान् व्यक्तित्व के अनेक देखे-अनदेखे पहलुओं को प्रस्तुत किया गया है और उनकी प्रसिद्धि पर नए कोण से दृष्टिपात किया गया है। रानी लक्ष्मीबाई नारी सशक्तीकरण का अद्भुत उदाहरण थीं। उनके जीवन को समर्पित इस पुस्तक से आधुनिक भारतीय नारी को नैतिक और मानसिक बल मिलना चाहिए। इसमें समेटे गए रानी लक्ष्मीबाई के जीवन के तमाम पहलुओं को यदि पूरी

तरह नहीं तो कुछ हद तक अपने जीवन में उतारने की हमें कोशिश करनी चाहिए, जिससे कि हमारा जीवन भी सार्थक हो सके। रानी लक्ष्मीबाई का जीवनकाल यद्यपि छोटा रहा; लेकिन वह आज भी हमें प्रेरणा देता है और आगे आनेवाली पीढ़ियों को भी प्रेरणा देता रहेगा। 'खूब लड़ी मर्दानी वह तो झाँसीवाली रानी थी' को इस पुस्तक के माध्यम से विनम्र श्रद्धांजलि।

—आनंद गांगुली

अनुक्रम

❋ एक ❋

भारत की राजधानी दिल्ली से दक्षिणी दिशा की ओर करीब ढाई सौ मील की दूरी पर स्थित है झाँसी शहर। यह उत्तर प्रदेश राज्य में उत्तर प्रदेश और मध्य प्रदेश की सीमा पर अवस्थित छोटा सा शहर है। यह पूरा-का-पूरा क्षेत्र बुंदेलखंड के नाम से विख्यात है, जिसका इतिहास अनेक युद्धों से भरा-पूरा है। बहादुरी और आजाद-खयाली यहाँ जन-जन की परंपरा रही है। इतिहास में अनेक अवसरों पर बुंदेलखंड क्षेत्र एक अभेद्य दीवार की भाँति प्राचीन हिंदू संस्कृति की रक्षा करता रहा और उत्तर से होनेवाले आक्रमणों को अचल भाव से झेलता रहा। अनेक वर्षों तक बुंदेलखंड ने अफगानी आक्रमणकारियों का बहादुरी से सामना किया और उन्हें वापस खदेड़ा। लेकिन बाद में मुगल बादशाहों द्वारा अपने साम्राज्य में मिला लिये जाने से बुंदेलखंड को पराजय का कड़वा घूँट भी पीना पड़ा।

सत्रहवीं शताब्दी में बुंदेलखंड अनेक छोटे-छोटे राज्यों में बँट चुका था। उन राज्यों में एक प्रमुख राज्य था वर्तमान मध्य प्रदेश में स्थित ओरछा। सत्रहवीं शताब्दी में भी ओरछा के राजा ने लगातार मुगल बादशाहों से लोहा लिया और दिल्ली को भारी शुल्क अदा करते हुए अपना स्वतंत्र अस्तित्व कुछ हद तक कायम रखा।

मुगल साम्राज्य के पतन के बाद समूचे मध्य और उत्तरी भारत में

मराठों का दबदबा कायम हो गया था। उसी दौरान सन् १७५९ में बुंदेलखंड में सैनिक विद्रोह फूट पड़ा; किंतु मराठा सेनापति रघुनाथ राव ने बड़ी कुशलतापूर्वक इस विद्रोह को कुचल डाला। अपनी इस सेवा के बतौर बख्शीश रघुनाथ राव को झाँसी और आस-पास के जनपदों का शासक बनाया गया, जो उस वक्त मराठा पेशवा शासन के अधीन थे। रघुनाथ राव का यह शासनाधिकार पीढ़ी-दर-पीढ़ी कायम रहा और झाँसी के सूबेदार अर्द्धस्वतंत्र राजतंत्र के रूप में मराठा राज्यसंघ के अन्य अर्थात् इंदौर, ग्वालियर और बड़ौदा के शासकों के समकक्ष हो गए थे।

रघुनाथ राव ने सन् १७९५ तक झाँसी पर कुशलतापूर्वक शासन किया। वे एक सक्षम प्रशासक थे। उन्होंने अपने राज्य में अनेक मंदिर बनवाए, कुएँ खुदवाए तथा एकसमान कर-प्रणाली विकसित की। जीवन के चौथे चरण में उन्होंने सियासती जीवन से अवकाश ग्रहण किया तथा पवित्र नगरी बनारस में संन्यासी का जीवन व्यतीत करने लगे। वहीं जीवन के अंतिम समय में उन्होंने पवित्र गंगा नदी में जल समाधि ले ली।

रघुनाथ राव के संन्यास ग्रहण करने के पश्चात् उनके भाई शिवराम भाऊ ने राजपद सँभाला। वे बहुत दूरदर्शी शासक थे और झाँसी की गद्दी सँभालने के तुरंत बाद उन्होंने मराठा राजधानी पूना को करों की अदायगी बंद कर दी। उनके इस कदम को भले ही लोग अवसरवादिता और सिद्धांतहीनता का नाम दें, पर सच्चाई यह है कि दूरदर्शी शिवराम भाऊ ने भाँप लिया था कि देश में मराठा शक्ति का सूरज डूब रहा है और अंग्रेज का आधिपत्य बढ़ रहा है। ऐसी स्थिति में वे पेशवा पर और अधिक निर्भर नहीं रह सकते, जिनके राज्य के विभिन्न हिस्से एक-एक कर अंग्रजों के कब्जे में आते जा रहे थे और उनका सिंहासन भी छिनने के कगार पर था। शिवराम को पक्का यकीन था कि झाँसी की सेना अंग्रेजों के आक्रमण का सामना नहीं कर सकती। इस प्रकार उन्होंने सटीक आकलन करते हुए अंग्रेजों की तरफ दोस्ती का हाथ बढ़ाया।

उनका विचार था कि एक बार उनकी मित्रता का भरोसा हो जाने पर ईस्ट इंडिया कंपनी उनके समर्पण के प्रस्ताव को ठुकरा देगी और झाँसी पर उनके आधिपत्य को मान्यता प्रदान करेगी। और सचमुच शिवराम भाऊ का सोचना सही निकला और इसके उन्हें अच्छे परिणाम मिले। झाँसी के शासक को 'वंशानुगत राज्य के स्वतंत्र एवं संप्रभुता-संपन्न राजा' के रूप में मान्यता मिली।

इस मुकाम को हासिल करने के बाद शिवराम भी अवकाश ग्रहण कर संन्यासी जीवन व्यतीत करने लगे और मौन व्रत धारण कर उन्होंने वार्त्तालाप करना भी त्याग दिया। आखिर में 'राम' नाम जपते हुए उन्होंने भी रघुनाथ राव की भाँति गंगा में जल समाधि ले ली।

शिवराम भाऊ के बाद उनके पौत्र रामचंद्र राव सिंहासन पर आरूढ़ हुए। उन्हें और उनके उत्तराधिकारियों को भी अंग्रेजों द्वारा झाँसी के स्वतंत्र शासक के रूप में मान्यता प्रदान की गई। अंग्रेजों के प्रति निष्ठा दिखाने में रामचंद्र राव अपने दादा शिवराम से भी बढ़-चढ़कर थे। यहाँ तक कि निकटवर्ती मध्य भारत में अंग्रेजों के खिलाफ सुलग रहे विद्रोह को दबाने के लिए भी उन्होंने अपनी सेनाएँ भेजीं। उनके इस कारनामे से खुश होकर अंग्रेजों ने उन्हें 'छोटे महाराजा' का खिताब दिया। सीधे-सादे रामचंद्र इतने भावविह्वल हो गए कि उन्होंने झाँसी के किले की सबसे ऊँची बुर्जी पर ब्रिटिश यूनियन जैक को फहराने की अनुमति दे दी। इतना ही नहीं, उन्होंने आर्थिक रूप से भी अंग्रेजों की सहायता की और कभी अपना धन वापस नहीं माँगा। रामचंद्र राव के इन कार्यों से उनके कुछ सरदारों के बीच विद्रोह की सुगबुगाहट होने लगी, जो किसी कीमत पर अपना आत्मसम्मान नहीं खोना चाहते थे। रामचंद्र राव की उदारता का नतीजा यह निकला कि जब उनकी मृत्यु हुई तो झाँसी का खजाना खाली हो चुका था।

रामचंद्र राव के बाद उनके चाचा झाँसी के महाराजा बने। वे शरीर से कोढ़ी, अनैतिक चरित्रवाले घटिया शासक साबित हुए। सौभाग्य से

तीन वर्षों बाद ही उनकी भी मृत्यु हो गई और एक बार फिर झाँसी का राजसिंहासन खाली हो गया। इस बार राजसिंहासन के चार दावेदार थे। दावेदारों के दावों की जाँच-पड़ताल करने के लिए ईस्ट इंडिया कंपनी ने एक चयन आयोग का गठन किया। इस आयोग ने इन दावों की गहन छानबीन की और मृतक राजा के भाई गंगाधर राव का चयन किया। आयोग को ऐसे ही व्यक्ति की तलाश थी जो मृतक राजा का निकटतम रिश्तेदार हो।

□

❊ दो ❊

जब गंगाधर राव राजा बने तब झाँसी का खजाना खाली हो चुका था। इस स्थिति में अंग्रेजों को भरोसा नहीं था कि नया राजा शासन अच्छी तरह चला लेगा। इसलिए वे गंगाधर राव को शासनाधिकार सौंपने के अनिच्छुक थे। अत: अंग्रेज गंगाधर राव को नाममात्र का राजा बनाए रखना चाहते थे। लेकिन धीरे-धीरे गंगाधर राव ने अपना प्रभाव बढ़ाया और शासन के कार्यों में सक्रिय रूप से हिस्सा लेने लगे। राजा में इस परिवर्तन से अंग्रेजों को भी प्रसन्नता हुई और उन्होंने झाँसी पर शासन करने का संपूर्ण उत्तरदायित्व गंगाधर राव को सौंपने का मन बना लिया।

प्रारंभिक दिनों में गंगाधर राव को छोटे-मोटे असंतुष्ट सरदारों का विरोध सहना पड़ा। उनके अलावा झाँसी में उन दिनों ठगों का भी आतंक छाया हुआ था। इन सबसे निबटने के लिए उन्होंने अंग्रेजों के साथ समझौता किया, जिसके अधीन झाँसी को सर्वाधिक राजस्व देनेवाले दो जिलों पर अंग्रेजों का अधिकार हो गया और बदले में अंग्रेजों ने प्रशिक्षित सैनिकों की दो बटालियनें राजा को सौंप दीं तथा उन्हें अपनी फौज रखने की भी छूट दे दी। इन सैनिकों की सहायता से बागी सरदारों को कुचल दिया गया, ठगों तथा डाकुओं का सफाया किया गया और झाँसी में शांति एवं समृद्धि का वातावरण बनने लगा। अपनी रणनीति तथा सख्ती की वजह से आस-पास के शासकों में गंगाधर राव का

रुतबा बनने लगा और वे पेचीदा राजनीतिक व आर्थिक समस्याओं पर गंगाधर राव की सलाह लेने लगे।

अंग्रेजों के साथ महाराजा ने पूरी ईमानदारी और सत्यनिष्ठा का बरताव किया। उन्हें अंग्रेजों से भी समान बरताव की उम्मीद थी। अंग्रेज पदाधिकारियों के मन में अपने प्रति तनिक भी अविश्वास या संदेह महाराजा को सहन नहीं था। तय मानदंडों से तनिक भी इधर-उधर होने पर महाराजा अंग्रेज अधिकारियों को उनका स्थान बताने में जरा भी नहीं हिचकते थे। एक बार ऐसा हुआ कि दशहरे का त्योहार रविवार के दिन पड़ा। दशहरे के दिन महाराजा की सेनाओं की परेड निकाली जाती थी, जिसमें अंग्रेज सैनिकों की टुकड़ियाँ भी शामिल होती थीं। लेकिन इस बार ब्रिटिश टुकड़ियों के कमांडर ने शस्त्र लेकर परेड में चलने से इनकार कर दिया, क्योंकि रविवार उनके अवकाश का दिन था। इसपर महाराजा ने अफसर को तुरंत याद दिलाया कि अंग्रेज सैनिकों को दो जनपदों के बदले में उनके अधीन रखा गया है। और यदि ब्रिटिश टुकड़ी परेड में शिरकत नहीं करती है तो उन जनपदों को वापस ले लिया जाएगा। कहने की आवश्यकता नहीं कि अंग्रेज अफसर को बात समझ में आ गई और ब्रिटिश टुकड़ियाँ भी सशस्त्र परेड में शरीक हुईं।

अंग्रेज भी गंगाधर राव का काफी सम्मान करते थे। एक बार गंगाधर राव बनारस (वर्तमान वाराणसी) की तीर्थयात्रा पर गए। तत्कालीन गवर्नर जनरल ने बनारस के रास्ते में पड़नेवाले नगरों के अंग्रेज अधिकारियों को सख्त निर्देश दिए थे कि जहाँ कहीं भी महाराजा विश्राम या जलपान के लिए ठहरें उनकी उचित आवभगत की जाए। सारे रास्ते तो सबकुछ ठीक-ठाक चलता रहा, किंतु बनारस का अधिकारी अपने कर्तव्यपालन में चूक गया। यहाँ तक कि वह महाराजा का स्वागत करने भी नहीं आया। गंगाधर राव ने अधिकारी की शिकायत कलकत्ता में गवर्नर जनरल से कर दी। नतीजे में उक्त अधिकारी को न सिर्फ क्षमा-याचना करनी पड़ी, बल्कि अपने पद का त्याग भी करना पड़ा। उसके बाद राजा के

सम्मान में आयोजित स्वागत-समारोह के दौरान भी राजेंद्र बाबू नामक एक सरकारी कर्मचारी गंगाधर राव के आगमन पर अपनी जगह पर खड़ा नहीं हुआ। तब महाराज ने अपने दो आदमियों को आदेश दिया कि उक्त कर्मचारी को जबरदस्ती लंबी अवधि तक खड़ा रखें। जब राजेंद्र बाबू ने इस घटना की शिकायत की तो गवर्नर जनरल ने उसे बताया कि इसके लिए वह खुद जिम्मेदार है।

जब गंगाधर राव राजा बने तो राज्य का खजाना खाली हो चुका था। उन्होंने समझदारी से काम लेते हुए तमाम आर्थिक गतिविधियाँ अंग्रेजों के सुपुर्द कर दीं। परिणामस्वरूप व्यापार शांतिपूर्ण ढंग से चलने लगा और राज्य का खजाना एक बार फिर भरने लगा। इस तरह के प्रशासन की भारतीय और ब्रिटिश प्रेक्षकों द्वारा समान रूप से प्रशंसा की गई। उनके द्वारा किया गया कर-निर्धारण बिना भेदभाव के पूरी तरह वसूला जाता और अकाल के समय में करों में रियायत भी दी जाती। फलस्वरूप गंगाधर राव की लोकप्रियता दिन दूनी और रात चौगुनी बढ़ने लगी। उनके शासनकाल में जन-कल्याण के कार्यों पर सबसे अधिक ध्यान दिया जाता था।

बुंदेलखंड क्षेत्र में झाँसी का राजदरबार ही एकमात्र ऐसा था जहाँ सम्मानित और सत्यनिष्ठ व्यक्ति देखे जा सकते थे। कारण साफ था, झाँसी का राजदरबार एकमात्र ऐसी जगह थी जहाँ वे खुद को सुरक्षित महसूस करते थे, जबकि अन्य राज्यों में ऐसे व्यक्तियों की संपत्ति गबन के इलजाम में जब्त कर ली जाती थी। भले ही वे कितनी भी निष्ठा और ईमानदारी से राजा की सेवा क्यों न करते हों। झाँसी में कोई भी व्यक्ति धन संचय कर सकता था और उसे अपनी संपन्नता का प्रदर्शन करने की भी छूट थी। राजा या राज्य कर्मचारियों का जनता के निजी जीवन में हस्तक्षेप नहीं था।

लेकिन फिर भी झाँसी की प्रजा को एक बड़ा भारी गम था। वे राजपरिवार के साक्षात् वारिस को राजसिंहासन पर बैठे देखना चाहते थे,

क्योंकि उसी पर राज्य की सुरक्षा और स्वतंत्रता निर्भर थी। राजवंश की स्थापना के बाद से ही झाँसी का राजसिंहासन राजा के न रहने पर कभी भाई और कभी चाचा को हस्तांतरित होता रहा था। गंगाधर राव के चयन के समय तो अंग्रेजों को पंच बनने और झाँसी के अंदरूनी मामलों में दखल देने का अच्छा अवसर मिल गया था। लोगों को साफ नजर आ रहा था कि ऐसी स्थिति दोबारा उत्पन्न होने पर परिणाम और भी गंभीर हो सकते थे, क्योंकि गंगाधर राव की समझदारी और राजनीतिक कुशलता का कोई भी वारिस नहीं था।

गंगाधर राव की पहली पत्नी रमाबाई नि:संतान मर गई थी और लंबे समय तक महाराज ने दूसरी शादी नहीं की थी। वे अपनी पहली पत्नी को बेहद प्यार करते थे और उस समय के अन्य राजाओं की तरह उनकी याद को जुदा नहीं करना चाहते थे। इन सबका नतीजा यह हुआ कि चारों तरफ अफवाह फैलने लगी कि राजा नपुंसक है; लेकिन इन सबका महाराजा पर कोई असर नहीं पड़ा। अपने खाली समय में वे रंगमंच में दिलचस्पी लेते। उन्हें नाटक खेलने और निर्देशित करने का बड़ा शौक था। कभी-कभी तो वे नाटकों में महिला पात्रों की भूमिका निभाते, क्योंकि उस जमाने में महिलाएँ नाटकों में भाग नहीं ले सकती थीं। नाटकों के अलावा गंगाधर राव को कला और संस्कृति से भी प्रेम था।

झाँसी के लोगों के लिए उम्मीद की एक किरण सन् १८४२ में जाग्रत् हुई, जब राजा को सिंहासनारूढ़ हुए चार साल हो गए। उस दौरान पेशवा बाजीराव द्वितीय अपना राजपाट खोकर कानपुर के निकट बिठूर में निर्वासित जीवन व्यतीत कर रहे थे। उन्होंने खबर भिजवाई कि वे गंगाधर राव के लायक एक उपयुक्त वधू के बारे में जानते हैं। वह लड़की खूबसूरत थी, स्वस्थ थी और युवा हो चुकी थी, और सबसे बढ़कर एक प्रसिद्ध ज्योतिषी ने भविष्यवाणी भी की थी कि वह लड़की एक दिन रानी बनेगी।

शुरू में तो गंगाधर ने इस प्रस्ताव में कोई दिलचस्पी नहीं ली, लेकिन पेशवा के बार-बार आग्रह करने पर उन्होंने अपने राजदरबारियों का एक दल लड़की को देखने के लिए भेजा। मंत्रिगण लड़की के व्यवहार, मर्यादा और व्यक्तित्व से बहुत प्रभावित हुए। झाँसी आकर उन्होंने गंगाधर राव को लड़की के बारे में सारी जानकारी दी और कुछ ही दिनों में राजा की मंजूरी मिल जाने पर विवाह तय हो गया। झाँसी की प्रजा में प्रसन्नता की लहर दौड़ गई। उनकी उम्मीद बँधने लगी कि अब निश्चित ही झाँसी को उसका वारिस मिल जाएगा।

□

❋ तीन ❋

१९ नवंबर, १८३५ को काशी में मोरोपंत ताँबे और भगीरथी बाई नामक एक दंपती के घर एक असाधारण कन्या का जन्म हुआ। ताँबे दंपती ने उसका नाम रखा—'मणिकर्णिका' और अन्य लोग उसे प्यार से पुकारते—'मनु'। मनु के बचपन में काशी एक फलता-फूलता शहर था। वहाँ के रेशम और शॉलों की सारे संसार में माँग थी। आज भी बनारसी रेशम और शॉलों का कोई मुकाबला नहीं। उस समय काशी के साहूकार और हीरा व्यापारी विभिन्न भारतीय राज्यों के बीच महत्त्वपूर्ण आर्थिक कड़ी का कार्य करते थे और उनमें से अनेक बेहद धनी थे। काशी नगरी की शोभा भी अतुलनीय थी। सँकरी सड़कों और तंग गलियों के बावजूद ऊँची इमारतें और बाग-बगीचे लोगों का मन मोह लेते। आज की तरह तब भी काशी एक महत्त्वपूर्ण तीर्थस्थल था और ऐसी धारणा थी कि काशी में मरने पर मोक्ष प्राप्त होता है।

काशी में गंगा नदी के किनारे सीढ़ीदार घाटों पर हमेशा लोगों की भीड़ जमा रहती थी। कोई अपने पितरों का श्राद्ध-तर्पण करने आता तो कोई पूजा-पाठ और ध्यान लगाने के लिए। काशी का धार्मिक जीवन मुँहअँधेरे ही शुरू हो जाता। मंदिरों में पुजारी घंटनाद करते, शंख बजाते तथा वेद-मंत्रों का सस्वर उच्चारण करते एवं भक्तगण गंगा नदी में सूर्यदेव की उपासना करते, उन्हें अर्घ्य चढ़ाते और मंदिरों में देव मूर्तियों

पर पवित्र गंगाजल चढ़ाकर पूजा-पाठ करते।

पवित्र नगरी और व्यापारिक केंद्र होने के साथ-साथ काशी ब्रह्मविद्या (वेदों) के पठन-पाठन का भी महत्त्वपूर्ण केंद्र थी। यहाँ तक कि अंग्रेज शासकों ने भी काशी के इस सम्मानित स्वरूप में किसी तरह की छेड़छाड़ नहीं की थी। काशी के विभिन्न मठों में अनेक नामी-गिरामी विद्वान् हजारों शिष्यों को वेदों का सस्वर पाठ करना सिखाते और उन्हें भारतीय दर्शनशास्त्रों, लोकाचार तथा तर्कशास्त्र पढ़ाते। काशी की यह शानदार परंपरा आज भी कायम है। इसी परंपरा के अनुसार वेदों का अध्ययन करानेवाले गुरुजन आज भी अपने शिष्यों से धन की जगह दैनिक उपयोग की वस्तुएँ ही गुरु-दक्षिणा के रूप में लेते हैं। काशी नगरी में अनेक सुंदर घाट हैं, जिनमें से एक मनोहर घाट है—मणिकर्णिका घाट। जो आज भी ताँबे दंपती के यहाँ जनमी बालिका की याद दिलाता है, जो इतिहास में 'झाँसी की रानी' नाम से प्रसिद्ध है।

नन्ही मनु नियमित रूप से बाबा विश्वनाथ के मंदिर में जाया करती थी। विश्वनाथ मंदिर भारत में स्थित बारह ज्योतिर्लिंगों में से एक है। वह पूजा-पाठ में अपने माता-पिता के साथ जाती और भजन-कीर्तन भी भक्ति-भाव से सुना करती; लेकिन उसके बचपन की कहानियों से पता चलता है कि मनु कोई साधारण बालिका नहीं थी। उसे 'न' सुनने की आदत नहीं थी और उसे नियंत्रित करना भी काफी कठिन था। चार साल की उम्र तक मनु का जीवन निर्बाध रूप से बीता; लेकिन एक दिन अचानक मनु की माता भगीरथी बाई का देहांत हो गया।

उसके बाद से मोरोपंत के लिए नन्ही मनु का पालन-पोषण करना कठिन हो गया। अंतिम पेशवा शासक बाजीराव द्वितीय बिठूर में निर्वासित जीवन व्यतीत कर रहे थे। बिठूर कानपुर के पास एक छोटा सा शहर है। मनु और मोरोपंत भी काशी छोड़कर बाजीराव के पास आकर रहने लगे। उनके साथ ही मोरोपंत के एक रिश्तेदार केशव भास्कर ताँबे भी पेशवा के साथ ही आकर रहने लगे। सन् १८३८ में करीब दस हजार लोग

प्रत्यक्ष और अप्रत्यक्ष रूप से पेशवा बाजीराव पर निर्भर होकर बिठूर में रह रहे थे। मोरोपंत और केशव भास्कर ने भी बिठूर में घाट के नजदीक अपने लिए घर बनाया और वहीं पर मनु का पालन-पोषण होने लगा। बिठूर में मोरोपंत ने पेशवा द्वारा बनवाए गए विभिन्न मंदिरों में पूजा-पाठ का काम सँभाल लिया और आनुष्ठानिक अग्निकुंडों की देख-रेख करने लगे।

बचपन में मनु बेहद शरारती थी और तरह-तरह की शैतानियाँ करने में उसे बहुत आनंद आता था। बुजुर्ग बाजीराव को मनु की शरारतें बहुत अच्छी लगती थीं, और वे उसे 'छबीली' कहा करते थे।

बाजीराव की कोई संतान नहीं थी, इसलिए उन्होंने एक लड़का गोद लिया हुआ था, जिसका नाम था 'धोंदीपंत', जो आगे चलकर 'नाना साहब' के नाम से विख्यात हुआ। नाना हालाँकि मनु से अठारह साल बड़े थे, लेकिन दोनों में गहरी दोस्ती थी। दोनों दिन भर इधर-उधर घूमा करते थे। बचपन में ही मनु को दो और मित्र भी मिले, जिनके नाम थे राव साहब और बाला साहब। उनके साथ मिलकर मनु तलवारबाजी, घुड़सवारी तथा बंदूक चलाना सीखती।

लड़की होने के बावजूद मनु को गुड्डे-गुड़ियों से खेलना पसंद नहीं था। अन्य लड़कियों के विपरीत वह निडर और दुस्साहसी थी। शारीरिक गठन और बुद्धिलब्धि में भी वह अपनी उम्र के बच्चों से कहीं आगे थी। हार मानना उसने सीखा ही नहीं था; कठिन-से-कठिन समस्या का समाधान भी वह अपने साहस और वीरता से खोजती थी। शिवाजी और अन्य बहादुर योद्धाओं की कहानियाँ सुनना मनु को बहुत भाता था। उनसे उसे प्रेरणा मिलती थी। शिवाजी की भाँति वह भी देश की स्वतंत्रता का सपना सँजोने लगी। वह भी इन बहादुर योद्धाओं के पदचिह्नों पर चलना चाहती थी।

नाजुक उम्र में भी मनु के साहसिक कारनामों के अनेक अनुकरणीय उदाहरण हैं। एक बार शाम के समय मनु और नाना घुड़सवारी के लिए

गए। घुड़सवारी के दौरान नाना का घोड़ा आगे निकल गया और मनु पीछे छूट गई। मनु से यह बरदाश्त नहीं हुआ। उसने अपने घोड़े को एड़ लगाई। बोली, देखूँ कैसे आगे निकलते हो। और वह आगे हो गई। बालक ने बढ़ने का प्रयास किया तो उसका घोड़ा ठोकर खा गया और वह धड़ाम से नीचे जा गिरा। सूखी लकड़ी के टुकड़े से उसका सिर टकरा गया। खून बहने लगा। घोड़ा लौटकर घर की ओर भाग गया। बालक चिल्लाया—मनु, मैं मरा।

बालिका ने तुरंत अपने घोड़े को रोक लिया। मोड़ा, और उस बालक के पास पहुँची। एक क्षण में घोड़े से नीचे कूदी और एक हाथ से घोड़े की लगाम पकड़े हुए झुककर घायल बालक को ध्यानपूर्वक देखने लगी। माथे पर गहरी चोट आई थी और खून बह रहा था। बालिका मिठास के साथ बोली, घबराओ मत, चोट बहुत गहरी नहीं है। लहू बहने का कोई डर नहीं।

मझला बालक भी पास आ गया। उतर पड़ा और विह्वल होकर अपने साथी की चोट को देखने लगा। 'नाना, तुमको तो बहुत चोट लग गई।' उस बालक ने कहा।

'नहीं, बहुत नहीं है,' मनु मुसकराकर बोली, 'अभी लिये चलती हूँ। कोठी पर मरहम-पट्टी हो जाएगी और बहुत शीघ्र ठीक हो जाएँगे।'

कैसे ले चलोगी, मनु? बड़े लड़के ने कातर स्वर में कराहते हुए पूछा।

मनु ने उत्तर दिया, तुम उठो और मेरे घोड़े पर बैठो। मैं उसकी लगाम पकड़े तुम्हें अभी घर लिये चलती हूँ।

मेरा घोड़ा कहाँ है? घायल बालक ने उसी स्वर में प्रश्न किया।

मनु ने कहा, भाग गया। चिंता मत करो। घोड़े बहुत हैं। मेरे घोड़े पर बैठो।

नाना बोला, मनु, मैं अपने आप सध नहीं पाऊँगा।

मनु ने कहा, मैं साध लूँगी। उठो तो।

नाना उठा। मनु एक हाथ से घोड़े की लगाम थामे रही, दूसरे से उसने खून में तर नाना को बैठाया और बड़ी फुरती के साथ उछलकर स्वयं पीछे जा बैठी। एक हाथ से घोड़े की लगाम सँभाली, दूसरे से नाना को थामा और गाँव की ओर चल दी। पीछे-पीछे मझला बालक भी चिंतित, व्याकुल चल दिया। जब सब गाँव के पास आ गए तब कई सिपाही घोड़ों पर सवार इन बालकों के पास आ पहुँचे और देखकर पूछने लगे—

'चोट लगी तो नहीं?'

'अरे, बहुत खून निकल आया है!'

'आओ, मैं लिये चलता हूँ।'

घर पर घोड़े के पहुँचते ही हम समझ गए थे कि कोई दुर्घटना हो गई है। ये शब्द इन आगंतुकों के मुँह से निकले। इन लोगों के अनुरोध करने पर भी मनु नाना को अपने ही घोड़े पर सँभाले हुए ले आई। कोठी के फाटक पर पहुँचते ही एक ढलती अवस्था के और दूसरे अधेड़ वय के पुरुष मिले। दोनों त्रिपुंड्र लगाए थे। उतरती अवस्थावाले रेशमी वस्त्र पहने थे और गले में मोतियों का कंठा। अधेड़ सूती वस्त्र पहने थे। ढलती अवस्थावाले को कुछ कम दिखता था। उन्होंने अपने अधेड़ साथी से पूछा, क्या ये सब आ गए, मोरोपंत?

हाँ, महाराज। मोरोपंत ने उत्तर दिया। जब वे बालक और निकट आ गए तब मोरोपंत नामक व्यक्ति ने कहा, अरे! यह क्या? मनु और नाना साहब दोनों लहूलुहान हैं!

जिनको मोरोपंत ने 'महाराज' कहकर संबोधन किया था, वह पेशवा बाजीराव द्वितीय थे। उन्होंने भी दोनों बालकों को रक्त से सना देखा तो घबरा गए। सिपाहियों ने झपटकर नाना को मनु के घोड़े से उतारा। मनु भी कूद पड़ी। मोरोपंत ने उसको अपने सीने से चिपटा लिया। उतावले होकर पूछा, मनु, चोट कहाँ लगी है, बेटी?

मुझको तो बिलकुल नहीं लगी, काका। मनु ने जरा मुसकराकर

कहा, नाना को अवश्य चोट आई है, परंतु बहुत ज्यादा नहीं है।

चोट कैसे लगी, मनु? बाजीराव ने प्रश्न किया।

कोठी में प्रवेश करते-करते मनु ने उत्तर दिया, ऊँह, साधारण सी बात थी। घोड़े ने ठोकर खाई। वह सँभल नहीं सके और गिर पड़े। घोड़ा भाग गया। घोड़ा ऐसा भागा, ऐसा भागा कि मुझे तो हँसी आने को हुई।

मोरोपंत ने मनु के इस अल्हड़पन पर ध्यान नहीं दिया। नाना को मनु अपने घोड़े पर ले आई, वे इस बात पर मन-ही-मन बहुत प्रसन्न थे।

बाजीराव को सुनाते हुए मोरोपंत ने पूछा, तू नाना साहब को उठाकर कैसे लाई? मनु ने उत्तर दिया, उसे घोड़े पर बिठाकर मैं पीछे से सवार हो गई। एक हाथ में लगाम पकड़ ली, दूसरे में नाना को थाम लिया, बस।

नाना को मुलायम बिछौने पर लिटा दिया गया। तुरंत घाव को धोकर मरहम-पट्टी कर दी गई। घाव गंभीर न होने पर भी लंबा और जरा गहरा था। बाजीराव उसकी दशा देखकर चिंतित थे।

मोरोपंत को विश्वास था कि चोट हानिकर नहीं है तो भी वह सहानुभूति के कारण बाजीराव के साथ चिंताकुल हो रहे थे।

जब मनु और मोरोपंत उसी कोठी के एक भाग में, जहाँ उनका निवास था, अकेले हुए, मनु ने कहा, इतनी सी चोट पर ऐसी घबराहट और रोना-पीटना!

बेटी, चोट जरा सी नहीं है। कितना रक्त बह गया है!

आप लोग हमको जो पुराना इतिहास सुनाते हैं, उसमें युद्ध क्या रेशम की डोरों और कपास की पौनियों से हुआ करते थे?

नहीं, मनु! पर यह तो बालक ही है।

बालक है! मुझसे बड़ा है। मलखंब और कुश्ती करता है। बाला गुरु उसको शाबाशी देते हैं। अभिमन्यु क्या इससे बड़ा था?

मनु, अब पहले जैसा समय नहीं रहा।

क्यों नहीं रहा, काका? वही आकाश है, वही पृथ्वी। वही सूर्य, चंद्रमा और नक्षत्र। सब वही तो हैं।

तू बहुत हठ करती है, मनु।

जब मैं सवाल करती हूँ तो आप इस प्रकार मेरा मुँह बंद करने लगते हैं। मैं ऐसे तो नहीं मानती। मुझको तो अच्छी तरह समझाइए!

अब इस देश का भाग्य लौट गया है। अंग्रेजों के भाग्य का सूर्योदय हुआ है। उन लोगों के प्रताप के सामने यहाँ के सब जन निस्तेज हो गए हैं।

एक का भाग्य दूसरे ने नहीं पढ़ा है। यह सब मनगढ़ंत है। डरपोकों का ढकोसला है, काका!

तू जब और बड़ी होगी तब संसार का अनुभव तुझे भी यह सब स्पष्ट कर देगा।

मैं डरपोक कभी नहीं हो सकती। आप कहा करते हैं—मनु, तू ताराबाई बनना, जीजाबाई और सीता होना। यह सब भुलावा क्यों? क्या ये सब डरपोक थीं?

बेटी, वे सब तो सती और वीर थीं; परंतु समय बदलता रहता है और बदल गया है।

मैं ऐसी गलत-सलत बातों पर कभी विश्वास नहीं करती।

तू सोएगी भी या रात भर सवाल ही करती रहेगी! अंत में खीझकर परंतु मिठास के साथ मोरोपंत ने कहा। मनु खिलखिलाकर हँस पड़ी। बोली, काका, आपने तो टाल दिया। मैं इस प्रसंग पर फिर कभी आपसे बात करूँगी। अभी अवश्य करवट लेकर सो जाती हूँ। फिर एक क्षण पश्चात् मनु ने अनुरोध किया, काका, देख आइए, नाना सो गया या नहीं। आपको नींद आ रही हो तो मैं दौड़कर देख आऊँ। मोरोपंत ने मनु को नहीं जाने दिया। स्वयं ही गए और देख आए। बोले, नाना साहब सो गए हैं।

मनु सो गई। मोरोपंत जागते रहे। उन्होंने सोचा, मनु की बुद्धि

उसकी अवस्था से बहुत आगे निकल चुकी है। अभी तक कोई योग्य वर हाथ नहीं लगा। दक्षिण जाकर देखना पड़ेगा। इसी विचार के लौट-फेर में मोरोपंत का बहुत समय निकल गया। कठिनाई से अंतिम पहर में ही नींद आई।

कुछ दिनों के बाद मनु ने दोबारा नाना, जो अभी भी स्वास्थ्य लाभ कर रहे थे, के साथ बाहर जाने की इच्छा प्रकट की। पहले तो मोरोपंत ने नाना को घर से बाहर जाने से मना कर दिया, क्योंकि वे अभी भी पूरी तरह स्वस्थ नहीं हुए थे; लेकिन मनु के बार-बार आग्रह करने पर बाजीराव ने नाना के लिए एक हाथी का इंतजाम कर दिया। हाथी देख मनु ने भी उसपर सवारी करने की जिद की; किंतु मोरोपंत ने उसे झिड़क दिया कि उनकी हैसियत हाथी पर बैठने की नहीं है। मनु को यह बात इतनी चुभी कि उसने अपने पिता को अपनी प्रतिज्ञा सुनाई कि उसकी किस्मत में एक नहीं, दस से ज्यादा हाथी हैं। मनु के शब्दों से भाव-विह्वल मोरोपंत ने उसे गले से लगा लिया। ऐसी बहादुर और दृढ़निश्चयी बालिका का पिता होने पर उन्हें गर्व हो रहा था—तो ऐसा था मनु का बचपन, जिसने उसकी प्रसिद्धि का मार्ग प्रशस्त किया।

□

❋ चार ❋

एक बार तात्या दीक्षित से बाजीराव और मोरोपंत मिले। तात्या दीक्षित झाँसी से बिठूर आए हुए थे। वह ज्योतिष और तंत्र के शास्त्री थे। काशी, नागपुर, पूना इत्यादि घूमे हुए थे। महाराष्ट्रीय समाज से काफी परिचित थे। बिठूर में बाजीराव के साथ दक्षिणी ब्राह्मणों का एक बड़ा परिवार आ बसा था। उस काल में मलखंब और मल्लयुद्ध के आचार्य बाला गुरु का अखाड़ा दक्षिणियों और हिंदुस्थानियों से भरा रहता था और गुरु बल, यौवन और स्वाभिमान को वितरित सा करते रहते थे। वह स्वयं इतने बलिष्ठ और स्वाभिमानी थे कि उनको लेटने तक में चित होने से घृणा थी! औंधे लेटा करते थे।

मोरोपंत ने अवसर निकालकर तात्या दीक्षित से प्रार्थना की कि दीक्षितजी, मुझे अपनी कन्या मनुबाई के विवाह की बड़ी चिंता लग रही है। मैंने बहुत खोज की है, परंतु कोई योग्य वर नहीं मिला। अब भी खोज रहा हूँ। आपका समाज में बहुत परिचय है। आप इस कन्या के लिए योग्य वर ढूँढ़ दीजिए। बड़ी कृपा होगी।

बाजीराव ने भी कहा, कन्या बहुत सुंदर है। बड़ी कुशाग्र बुद्धि और होनहार। उसके लिए अच्छा वर ढूँढ़ना ही चाहिए, पंडितजी।

मोरोपंत बोले, सब हथियार चलाना बहुत अच्छी तरह जानती है, घोड़े की सवारी में पुरुषों के कान काटती है। जब चार वर्ष की थी,

इसकी माँ का देहांत हो गया था। इसलिए मैंने स्वयं इसका लालन-पालन किया है। मराठी, संस्कृत और हिंदी पढ़ाई है। शास्त्रों में इसकी बड़ी रुचि है।

बाजीराव बोले, बालिका है, इसलिए इस आयु में जितना पढ़ सकती थी, उतना ही पढ़ा है; परंतु तेज बहुत है। पूजा-पाठ मन लगाकर करती है।

पूजा-पाठ संबंधी रुचि पर बाजीराव ने ज्यादा जोर दिया। अश्वारोहण इत्यादि पर बहुम कम।

तात्या दीक्षित ने जन्मपत्री माँगी। मोरोपंत ने तुरंत लाकर दे दी। दीक्षित ने उसकी परीक्षा करके कहा, ऐसी जन्मपत्री मैंने कदाचित् ही पहले कभी देखी हो। इसको तो कहीं की रानी होना चाहिए।

मोरोपंत गद्गद हो गए। बाजीराव को भी संतोष हुआ। बोले, जब आप जाएँ, साथ में जन्मपत्री लेते जाएँ। योग्य वर से मेल खाने पर हमको सूचित अवश्य कर दें। दीक्षित ने कहा, मैं पूरी कोशिश करूँगा।

उसी समय रावसाहब के साथ मनु वहाँ आ गई।

बाजीराव ने दीक्षित से कहा, यही वह कन्या है, पंडितजी।

दीक्षित ने मनुबाई के विशाल नेत्र, भौंरे जैसे काले बाल, स्वर्ण-सा रंग, संपूर्ण चेहरे का अतीव सुंदर बनाव देखकर प्रसन्नता प्रकट की।

दीक्षित ने ममता प्रदर्शित करते हुए कहा, आ बेटी, आ! तूने शास्त्र पढ़े हैं, उच्च कुल की ब्राह्मण कन्या के लिए यह उपयुक्त ही है।

मनु और रावसाहब बाजीराव के पास मसनद पर बैठ गए।

मनु बिना किसी संकोच के बोली, मैंने शास्त्र आँखों से देख भर लिये हैं। मुझको तुलसीदास की 'रामायण' बड़ी प्रिय लगती है; परंतु तलवार चलाना, मलखंब भाँजना, घोड़े की सवारी—ये उससे भी ज्यादा भाते हैं।

बाजीराव ने हँसकर टोका, और बात बनाना, चबड़-चबड़ करना इन सबसे बढ़कर अच्छा लगता है।

मोरोपंत के मन में क्षणिक रोष आया। वह चाहते थे कि लड़की तात्या दीक्षित के सामने ऐसी बातें करे कि शील-संकोच का अवतार जान पड़े।

दीक्षित ने हँसकर कहा, बालिका है। अभी संसार का उसने देखा ही क्या है?

बिलकुल अबोध है, मोरोपंत बोले, सयानी होने पर अपने घर-द्वार को खूब अच्छी तरह रखेगी।

तात्या दीक्षित ने उत्साहित होकर भविष्यवाणी सी की—यह किसी राज्य की रानी होगी।

रावसाहब अभी तक मनु के पीछे चुप बैठा था। झट से बोला, राज्य तो सब अंग्रेजों ने ले लिये हैं। नए राज्य कहाँ से बनेंगे?

राज्यों की और राज्य बनानेवालों की न कमी रही है, और न रहेगी। तात्या दीक्षित ने हँसकर कहा।

मनुबाई मुसकराकर बोली, पर कुछ लोग तो कहते हैं कि अंग्रेजों ने ऐसा जोर बाँध लिया है कि कोई सिर ही नहीं उठा सकता।

बाजीराव विषयांतर करना चाहते थे। बोले, झाँसी में बाग-बगीचे कितने हैं?

तात्या दीक्षित बोले, बाग तो बहुत हैं। राजा के बगीचे हैं। सरदारों और सेठ-साहूकारों के हैं। नगर के भीतर भी बहुत से हैं।

मनु ने पूछा, सेना कितनी बड़ी है?

दीक्षित बोले, खूब अच्छी-खासी है।

मनु ने फिर पूछा, घोड़े अच्छे हैं?

रावसाहब बीच में बोले, हाथी कितने हैं?

दीक्षित ने स्पष्ट किया, हाथी-घोड़े तो बहुत हैं।

मनु ने जानना चाहा कि कितने होंगे?

इतने में वहाँ सुगठित शरीर का एक युवक आया।

बाजीराव ने उससे मुखातिब होकर पूछा, क्या है, तात्या?

अपने नाम के एक और मनुष्य को संबोधित होते देखकर दीक्षित पंडित चौंक पड़े।

मनु ने बेधड़क कहा कि यह हमारे गुरु के अखाड़े के प्रधान हैं। आपके नामधारी ही हैं।

युवक तात्या ने पेशवा से विनय की कि महाराज, गुरुजी ने कहलवाया है कि झाँसी से जो आचार्य आए हैं, वे हमारे अखाड़े को देखने की कृपा करें।

दीक्षित तैयार हो गए। तीसरे पहर सब लोग बाला गुरु के अखाड़े पर गए। मलखंब और मल्लयुद्ध का प्रदर्शन हुआ।

तात्या दीक्षित आदर और भेंट सहित बिठूर से झाँसी लौट आए। उन्हें मालूम था कि मनुबाई के लिए जितना अच्छा वर ढूँढ़कर दूँगा उतना ही अधिक बाजीराव संतुष्ट होंगे। और उस संतोष का फल उनकी जेब के लिए उतना ही महत्त्वपूर्ण होगा।

दीक्षित ने मन में कई वर टटोले। जिसको स्थिर करते उसी के लिए प्रश्न उठता, क्या पेशवा इसको पसंद कर लेंगे? जी उचट जाता। सरदार श्रेणी के ब्राह्मणों में कुछ कुंडलियाँ लाकर मिलाईं, पर मेल न खाया।

सोचा, श्रीमंत सरकार गंगाधर राव की जन्मपत्री मिलाकर देखूँ, शायद मेल खा जाए। जन्मपत्री प्राप्त हो गई और मेल भी खा गई; परंतु एक असमंजस हुआ, गंगाधर राव की पहली पत्नी का देहांत काफी दिन पहले हो चुका था। वह विधुर थे। विवाह करना चाहते थे। परंतु अपने कठोर स्वभाव के कारण बदनाम थे। भीड़-भगतियों, खसियों इत्यादि के हँसी-मजाक, आमोद-प्रमोद में उनका काफी समय जाता था। नाटकशाला में तो रात का अधिकांश प्रायः बीतता ही था। इसलिए जितना वह करते थे, उससे कहीं अधिक बदनामी फैल गई थी।

नाटकशाला में बहुत रुचि के कारण, खासतौर पर वेश्याओं, गायिकाओं और नर्तकियों के नाटकशाला में नौकर रखते हुए भी स्त्रियों

की भूमिका में अभिनय करने की वजह से उनकी झूठी बदनामी बहुत हो गई थी। इसपर उनका कठोर बरताव। दीक्षित सोचते थे कि विवाह संबंध स्थापित करने में सफल हो जाऊँ तो सदा याद किया जाऊँगा। मोरोपंत तो हमेशा कृतज्ञ रहेंगे ही, बाजीराव भी मानते रहेंगे, झाँसी राज्य में मेरा कितना सम्मान होगा! मनुबाई सुंदर है, रानी बनने योग्य सब गुण उसमें हैं। चपल, चंचल और उद्धत है, मुँहजोर है। किसी और घर में जाएगी तो न खुद सुखी हो सकेगी, और न अपने पति को सुखी बना सकेगी। गंगाधर राव की रानी बनने पर चपलता न रह सकेगी। जीवन में संयम आ जाएगा। वह तेरह-चौदह साल की है और गंगाधर राव चालीस से कुछ ऊपर। परंतु उनका स्वास्थ्य अच्छा है। स्वभाव कठोर तो है, लेकिन ऐसी उग्र स्त्री के लिए तो ऐसा ही पति चाहिए। घोड़े की सवारी, तीर-तमंचा, मलखंब और क्या-क्या—यह झाँसी के राज्य में ही मिल सकेगा, और कहीं असंभव है। यह सब सोचकर दीक्षित ने झाँसी के राजा के साथ मनुबाई का विवाह संबंध कराने में किसी प्रकार की देर न करने का निश्चय किया। गंगाधर राव के पास गए। एकांत पाकर बोले, महाराज से एक निवेदन करने आया हूँ।

राजा ने कहा, कहिए दीक्षितजी।

दीक्षित बोले, महाराज, रनवास को सूना हुए काफी समय हो गया है। अब…

राजा अनमने से बोले, मैं क्या करूँ? जन्मपत्री में मेरे इतने तेजस्वी ग्रह हैं कि किसी से मेल ही नहीं खाती। एकाध जगह मिली तो लड़की का भुखमरा पिता चाहता था कि मैं सब काम-धाम छोड़कर बाप-बेटी की पूजा-अर्चना में ही बाकी जीवन बिताऊँ। इससे तो मेरी नाटकशाला ही अच्छी।

दीक्षित ने समझाया कि श्रीमंत सरकार, वंश-परंपरा बनाए रखने के लिए शास्त्रों का विधान अनिवार्य है। प्रजा अपने राजा की बगल में अपना राजकुमार देखने की लालसा रखती है। सरकार का आमोद-

प्रमोद भी चलता रह सकता है।

हाँ, ठीक है। कहकर गंगाधर राव सोचने लगे। कुछ क्षण बाद बोले, दीक्षितजी, आप तो काव्य-रसिक हैं। श्रीहर्षदेव रचित 'रत्नावली' नाटिका कितनी कोमल, मधुर, मंजु कल्पना है और मोतीबाई अब भी कितना सुंदर, कितना मनोहर अभिनय करती है।

दीक्षित ने सोचा, अब खतरे में पड़े। मोतीबाई के प्रति राजा का ऐसा उत्साह देखकर दीक्षित कुंठित हुए। धीरज पकड़कर दीक्षित कह पाए कि सरकार, महल सूना है। उसमें तो दीवाली कोई सजातीय कन्या ही जगमगा सकती है।

गंगाधर राव की आँखें बड़ी थीं और डोरे लाल। दीक्षित ने डरते-डरते देखा। डोरे कुछ और रक्तिम हो गए।

राजा ने कहा, मैं क्या करूँ? सजातीय कन्या को जबरदस्ती पकड़ लाऊँ क्या?

दीक्षित ने तुरंत उत्तर दिया, नहीं महाराज, मैंने जन्मपत्रियों की परीक्षा कर ली है, बिलकुल मिल गई हैं। कन्या भी देख आया हूँ। बहुत सुंदर और कुशाग्र बुद्धि है। उसमें रानी होने के समस्त गुण हैं।

कहाँ पर? राजा ने जरा मुसकराकर पूछा।

दीक्षित का साहस बढ़ा। उत्तर दिया, महाराज, वह इस समय बिठूर में है। श्रीमंत प्रधान पेशवा का काम-काज देखने के लिए कन्या का पिता मोरोपंत ताँबे नियुक्त है। पढ़ी-लिखी है और समयोचित सभी गुण उसमें हैं।

राजा ने प्रश्न किया कि ताँबे कुलीन होते हैं, यह मैं जानता हूँ; लेकिन मोरोपंत भट्ट भिक्षुक तो नहीं हैं?

दीक्षित ने जवाब दिया, श्रीमंत पेशवा की यज्ञशाला पर एक रामभट्ट गोडसे है। वह मोरोपंत का मित्र है। उसने मोरोपंत की पुत्री को विद्याभ्यास भर कराया है, इसके सिवाय मोरोपंत का रामभट्ट या किसी भट्ट से कोई संबंध नहीं है।

गंगाधर राव ने जरा तीखेपन से कहा, मैं यह पूछता हूँ कि मोरोपंत भिक्षुक है या नहीं!

दीक्षित ने दृढ़ता के साथ उत्तर दिया, कदापि नहीं सरकार।

गंगाधर ने दूसरा प्रश्न किया, पेशवा और मोरोपंत में कैसा संबंध है?

दीक्षित ने उत्तर दिया, बहुत घनिष्ठ। मित्रों जैसा। कोई नहीं कह सकता कि पेशवा मालिक हैं और मोरोपंत नौकर। कन्या को पेशवा ने बिलकुल अपनी पुत्री की तरह मान रखा है। मैं स्वयं देखकर आया हूँ।

राजा ने जानना चाहा कि वे लोग संबंध को स्वीकार कर रहे हैं क्या?

दीक्षित उत्साहित स्वर में बोले, कर लेंगे। मुझको पूरा विश्वास है।

राजा सहमति के स्वर में बोले, तब सगाई-मँगनी इत्यादि के लिए आपको ही बिठूर जाना पड़ेगा।

हर्ष के मारे दीक्षित का दिमाग चक्कर खा गया। बोले, अवश्य जाऊँगा, सरकार। फिर गला भर आया।

यह क्या, दीक्षितजी? राजा ने मिठास के साथ कहा।

दीक्षित गला संयत करके बोले, झाँसी की जनता को यह समाचार बहुत हर्ष देगा, श्रीमंत!

इस प्रकार मनु का विवाह गंगाधर राव से तय हो गया। सन् १८४२ के मई माह में महाराजा के विवाहोत्सव की धूमधाम से तैयारियाँ होने लगीं। एक शुभ दिन, शुभ अवसर पर मोरोपंत और मनु का झाँसी शहर में आगमन हुआ। सारे शहर में खूब सजावट की गई थी। शहर के विभिन्न दरवाजे सुंदर फूलों और पत्तियों से सजाए गए थे। उस दिन पूर्णमासी थी। शाम को जैसे ही पूर्णचंद्र का उदय हुआ, किले की बंदूकों और तोपों ने गरजकर उसे सलामी दी; चारों ओर आतिशबाजी होने लगी और प्रजा समूह ने गंगाधर राव और उनकी नई-नवेली दुलहिन पर फूलों की वर्षा कर दी। उसके अलावा भरपूर मिठाई आम जनता के

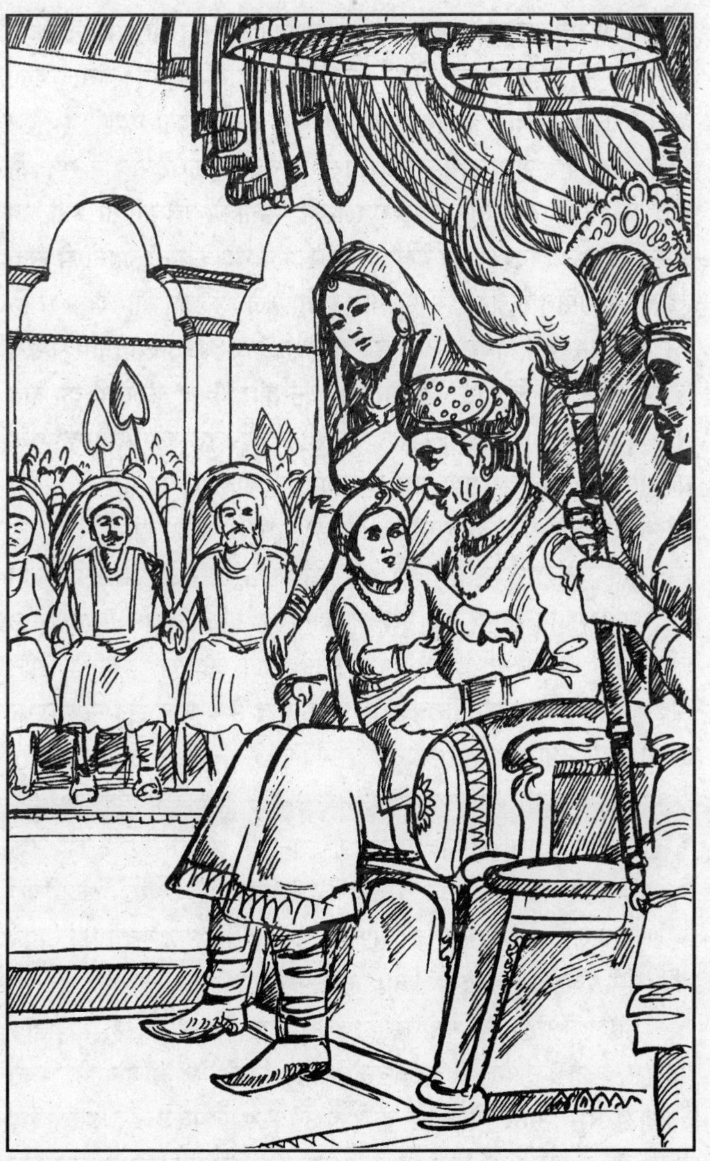

बीच बाँटी गई, सैकड़ों सुविज्ञ ब्राह्मणों को नकद दक्षिणा व वस्त्रों का दान किया गया। सेना व प्रशासन के अधिकारियों का भी सम्मान किया गया और मनु के रिश्तेदारों को भी आकर्षक उपहार दिए गए। जन्मकुंडली का मिलान करनेवाले ज्योतिषी को भी भारी इनाम दिया गया।

और फिर पवित्र अग्नि को साक्षी मानकर गंगाधर राव ने मनु की माँग में सिंदूर भरा और उसे मंगलसूत्र पहनाकर विवाहिता स्त्री का सम्मानित दरजा दिया। मनु दुलहिन के रूप में बेशकीमती गहनों से लदी हुई थी। पुरोहित ने वर-वधू पर पवित्र गंगाजल छिड़का और शंख ध्वनि की। विवाह के अवसर पर ही छबीली मनु को नया नाम मिला 'लक्ष्मीबाई', जो हिंदुओं की आराध्य, धन और वैभव की देवी का नाम भी है। उसके बाद एक विशाल जुलूस में वर-वधू को समारोहपूर्वक राजसी महल में ले जाया गया। विवाह के अवसर पर मनु ने अपनी पारिवारिक परंपरा के अनुसार हीरों जड़ी पोशाक पहन रखी थी। विवाह की पूर्णता के लिए वर-वधू को पवित्र अग्नि के चारों ओर सात फेरे लेने थे। इस रस्म के लिए जब पुरोहित दोनों के दामन को जोड़कर गाँठ लगाने लगे तो लक्ष्मीबाई ने अपनी खनखनाती आवाज में कहा, 'गाँठ सावधानी से लगाइएगा, पंडितजी।' उसके मुख से ये शब्द सुनकर गंगाधर सहित सभी उपस्थित जन हैरान रह गए। कुछ पंडितों और मेहमानों को तो मानो सदमा ही लग गया। एक नववधू को तो लज्जापूर्वक व्यवहार करना चाहिए। ऐसा लगता था कि नई रानी के तौर-तरीके अच्छे नहीं हैं। लेकिन फिर भी रानी के बरताव का अच्छा प्रभाव पड़ा। लक्ष्मीबाई के शब्द असल में इस बात की घोषणा करते थे कि वह स्वयं को अपने पति और प्रजा से हमेशा के लिए जुड़ा मानती है।

महल में पहुँचकर गंगाधर का हृदय भाव-विभोर हो रहा था। उन्हें महसूस हुआ कि पत्थरों के एक विशाल किले के आँचल में स्थित उनके खूबसूरत महल के कोने-कोने से उनके सभी पूर्वज उन्हें आशीर्वाद दे रहे हैं। गंगाधर के प्रिय हाथी सिद्धबख्श को सुनहरे कमख्वाब में

सजाया गया। नवविवाहित जोड़े को अपनी पीठ पर बैठाकर हाथी झाँसी की सड़कों पर अपनी सूँड़ हिला-हिलाकर घूमने लगा। भांड और स्वाँगिए रंग-बिरंगी पगड़ियाँ पहने जुलूस में मुरगों और भेड़ों की लड़ाई का स्वाँग भर रहे थे। काले-काले, बड़े-बड़े घोड़ों पर सवार होकर ब्रिटिश अधिकारी भी अपना सम्मान अदा करने आए थे। वे अपने साथ कीमती उपहार भी लाए थे। पड़ोसी राज्य ओरछा, दतिया और अन्य रजवाड़ों को भी निमंत्रण था।

झाँसी के राजघराने की कुलदेवी महालक्ष्मी के मंदिर में एक शानदार पूजा का आयोजन किया गया, जिससे नवविवाहिता दंपती पर सुख-सौभाग्य की वर्षा सदैव रहे।

मनु का विवाह हो जाने के बाद मोरोपंत को भी झाँसी में सरदार की पदवी दे दी गई, क्योंकि वे अपनी इकलौती संतान की जुदाई बरदाश्त नहीं कर पा रहे थे। सरदार की पदवी के साथ उन्हें प्रतिवर्ष तीन हजार छह सौ रुपए भत्ते के रूप में भी मिलने लगे।

विवाह के समय गंगाधर राव की उम्र चालीस साल और लक्ष्मीबाई की चौदह साल थी। बचपन के नाम मनु के साथ-साथ उन्हें बिठूर से अपने तमाम संबंधों को भी छोड़ना पड़ा। अब वह झाँसी की रानी लक्ष्मीबाई बन गई थी।

सन् १८५१ में राजसी दंपती ने काशी की तीर्थयात्रा की। वहाँ लक्ष्मीबाई को एक बार फिर उन जगहों को देखने का मौका मिला जहाँ वह जनमी थी और उन मंदिरों में अपने माता-पिता के साथ जाया करती थी। रानी के रूप में लक्ष्मीबाई ने उन मंदिरों में हजारों भिखारियों तथा गरीबों को भोजन कराया एवं विद्वानों और संतों आदि को उदारतापूर्वक दान-दक्षिणा अर्पण की।

काशी में महाराजा और महारानी का भव्य स्वागत किया गया। छह माह वहाँ व्यतीत करने के बाद वे दोनों झाँसी लौट आए। तीर्थयात्रा से नगर आगमन पर समूचा झाँसी शहर उनके स्वागत में सड़कों पर उमड़

आया था। इस आनंद और उत्सव के माहौल में शाही जुलूस महल पहुँचा।

अचानक मनु के सामने एक मराठा-कन्या आई। आयु पंद्रह से कुछ ऊपर। शरीर छरहरा, रंग हलका साँवला, चेहरा जरा लंबा, आँखें बड़ी, नाक सीधी, ललाट प्रशस्त और उजला। जैसे ही वह मनु के पास आई, उसने आँखें नीची करके आदरपूर्वक प्रणाम किया। मनु को ऐसा लगा मानो वह पहले से परिचित रही हो। उससे बात करने की तुरंत इच्छा जागी।

मनु ने पूछा, तुम कौन हो?

उसने उत्तर दिया कि आपकी दासी हूँ, सुंदर मेरा नाम है, महारानीजी!

मनु चौंकी—मेरी दासी! कैसी और क्यों होगी?

सुंदर ने विनय की कि आप हमारी महारानी हैं। मैं सेवा में रहूँगी। आपकी दासी होकर अपना भाग्य बढ़ाऊँगी।

मनु ने स्पष्ट किया कि मेरी दासी कोई न हो सकेगी। मेरी सहेली होकर रहोगी। मनु ने उसका हाथ पकड़कर अपनी ओर खींचा।

इतने में गंगाधर राव की सवारी आगे बढ़ गई। दो लड़कियाँ और मनु के निकट आईं। सुंदर की ही उम्र की एक, दूसरी लगभग चौदह वर्ष की। उन्होंने भी सिर झुकाकर प्रणाम किया।

सुंदर ने परिचय दिया कि इसका नाम मुंदर है और इसका काशी। मेरी तरह ये भी आपकी दासियाँ हैं।

मनु ने बिना किसी प्रयत्न के कहा, मेरी सहेलियाँ बनकर रहोगी। मेरी दासी बनकर कोई नहीं रह सकती।

मनु ने तीनों से अलग-अलग प्रश्न किए—

तुम लोग कौन हो?

तीनों ने उत्तर दिया, कुणबी हैं, महारानीजी!

झाँसी में कब आईं?

हमारे पुरखे आए थे।

झाँसी के आस-पास घूमी-फिरी हो?

बहुत कम घूमी हैं, रानीजी।

तुम सब घोड़े पर चढ़ना जानती हो?

थोड़ा-थोड़ा जानती हैं, सरकार!

और हथियार चलाना आता है?

सुंदर बिलकुल नहीं जानती थी, जबकि मुंदर ने तलवार चलाना सीखा था और काशी ने बंदूक। मनु को जानकर अच्छा लगा। बोली, मैं तुम लोगों को घोड़े पर चढ़ना सिखाऊँगी। हथियार चलाना भी। मलखंब जानती हो?

वे तीनों सिर नीचा करके मुसकराईं। सिर हिला दिए—नहीं जानतीं।

गाना-बजाना तो जानती होगी? मनु ने बहुत सूक्ष्म चुटकी लेते हुए कहा।

सुंदर बोली, वह तो हम तीनों जानती हैं, सरकार।

मनु ने कहा, मुझको उसका शौक कुछ कम है। वह अच्छा है, किंतु घुड़सवारी, हथियार चलाना, मलखंब, कुश्ती, प्राचीन गाथाओं का श्रवण—ये सब मुझे बहुत भाते हैं।

'कुश्ती!' सुंदर ने अपने बड़े नेत्रों को जरा घुमाकर आश्चर्य प्रकट किया।

मनु के होंठों पर सहज मुसकराहट आई। बोली, हाँ, कुश्ती भी। यह बहुत आवश्यक है; पर किसी समय बतलाऊँगी। अभी अवसर नहीं है।

इतने में कुछ और स्त्रियाँ पास आने को हुईं, परंतु कुछ दूर ठिठक गईं। मनु ने उनको उस समय अपने पास बुला लेने की जरूरत नहीं समझी।

मनु कहती गई कि पुरुषों को पुरुषार्थ सिखलाने के लिए स्त्रियों को मलखंब, कुश्ती इत्यादि सीखना ही चाहिए। खूब तेज दौड़ना भी। नाचने-गाने से भी स्त्रियों का स्वास्थ्य सुधरता है, परंतु अपने को मोहक

बना लेना ही तो स्त्री का समस्त कर्तव्य नहीं है।

चौदह वर्ष की मनु अपने से अधिक उम्रवाली लड़कियों से जो कह गई, वह पास ठिठकी हुई उन स्त्रियों ने भी सुन लिया।

मुंदर, सुंदर और काशी यह सब सुनकर झेंप गईं। उनकी मुसकराहट गायब हो गई। परंतु मनु अब भी मुसकरा रही थी। वह मुसकराहट उन लड़कियों को, उन स्त्रियों को जीवन के कोष में से कुछ दे-सा रही थी। उन लड़कियों का सहमा हुआ मन शीघ्र ही लहलहा उठा। अन्य लड़कियों तथा स्त्रियों को भी मनु ने अपने पास बुला लिया।

जो और लड़कियाँ उन स्त्रियों के साथ थीं, उनके विषय में मनु ने प्रश्न किया। मालूम हुआ कि वे सब दासियों के रूप में मनु के पास रहने के लिए नियुक्त कर दी गई थीं।

ये लड़कियाँ अब्राह्मण जातियों में से रूप, रस इत्यादि के पैमाने से तौलकर चुनी जाती थीं और उनको आजन्म अपनी रानी के साथ कुमारी होकर रहना पड़ता था। यदि वे विवाह कर लेतीं तो उनको महल की नौकरी छोड़नी पड़ती थी। दहेज में दास-दासियों के देने का प्रचलन महाराष्ट्र में नहीं था, शायद राजपूताने के कुछ रजवाड़ों से वहाँ पहुँचा हो! संभवतः इसका प्रारंभ भिक्षुणी और देवदासी प्रथा से निःसृत हुआ हो। इन दासियों के जीवन कितने कुतूहलों और कितने कोलाहलों से भरे रहते होंगे और इनके जीवन कितने दुखांत होते होंगे, उसकी कल्पना की जा सकती है। इनको जन्म देनेवाले लगभग इसी प्रकार के माता-पिता केवल धन-लोभ से इनको महलों के सुपुर्द कर देते थे। फिर या तो वे अपने सौंदर्य के जमाने में राजा के विलास की सामग्री बनी रहती थीं या जीवन के स्वाभाविक मार्ग पर जाकर महल से अलग हो जाती थीं।

मनु ने दासियों के इस चित्र की अपने मन में कल्पना की और अपनी उसी सहज मुसकराहट से कहा, मैं तुमको दासियाँ बनाकर नहीं रखूँगी। तुम मेरी सखी-सहेली बनोगी। केवल एक शर्त है।

मनु ने अपने विशाल नेत्रों की दृष्टि को उनपर बिखेरा। बोली,

जानती हो क्या? उन सबने नाहीं के सिर हिलाए।

मनु ने कहा कि मेरे साथ जो रहना चाहे—उसको घोड़े की सवारी अच्छी तरह आनी चाहिए। तलवार, बंदूक, बरछी, छुरी-कटार, तीर-तमंचा इत्यादि का चलाना—अच्छी तरह चलाना—सीखना पड़ेगा। दोनों हाथों से हथियार एक जैसे चलाना सीख जाएँ तो और भी अच्छा रहेगा।

पुरुषों जैसे काम सीखने की बात सुनते ही स्त्रियों के चेहरों पर लाज की हलकी लाली दौड़ गई। परंतु मन के हर्ष और उत्साह ने लाज को दबा लिया।

काशी ने स्थिर दृष्टि और स्थिर स्वर में कहा, हम लोगों को जो कुछ सिखलाया गया है, उतना ही हम जानती हैं। अब जो कुछ सरकार की आज्ञा होगी, उसको हम लोग जी लगाकर और दृढ़ता के साथ सीखेंगी। परंतु कुश्ती और मलखंब कौन सिखाएगा?

मनु ने तुरंत समझाया कि जितना मैं जानती हूँ, मैं सिखाऊँगी। बाकी बिठूर के प्रसिद्ध आचार्य बाला गुरु सिखाएँगे। मैं उनको यहाँ बुला लूँगी।

बाला गुरु का नाम सुनते ही लड़कियाँ शरमा गईं और उनसे बड़ी उम्र की स्त्रियाँ हँस पड़ीं। उस हँसी पर मनु के मन में क्षोभ उठा, परंतु उसने उसको नियंत्रित कर लिया।

फिर उसी मुसकराहट के साथ बोली, बाला गुरु देवता हैं, और न भी हों तो तुमको क्या डर? स्त्रियाँ दृढ़ता का कवच पहनें तो फिर संसार में ऐसा पुरुष कोई हो ही नहीं सकता जो उनको लूट ले। बाला गुरु के साथ लड़कर कुश्ती सीखने की जरूरत नहीं पड़ेगी। वह बतलाया भर करेंगे। अखाड़े में उतरकर तो मैं सिखाऊँगी। समझीं कि नहीं!

गणेश मंदिर पास ही था। वाद्य बज रहे थे। उनमें होकर कभी-कभी मीठी शहनाई की चहक भी सुनाई पड़ जाती थी। स्त्रियाँ मनु से श्रृंगार रस की बात करने आई थीं, अपने आदर के झरोखे में होकर। मनु के मन की धारा, गंगाधर राव की सवारी, बाजों-गाजों और झाँसी निवासियों

के हर्षोन्माद से संघर्ष पाकर दूसरी ओर चली गई थी।

सब स्त्री-लड़कियाँ भी अपने अच्छे-से-अच्छे वस्त्र और आभरण पहने हुए थीं। केश खूब सँवारे गए थे; उनमें रंग-बिरंगे और सुगंधित फूल गूँथे गए थे। मनु के केशों में भी फूल थे। मनु ने हँसकर कहा, तुम लोग यदि कुश्ती सीखने के लिए इसी समय अखाड़े में उतरो तो कैसा रहे?

सुंदर मुसकराकर बोली, तो इन फूलों से सारा अखाड़ा भर जाएगा।

मनु ने हँसकर कहा, और तुम्हारे बालों में अखाड़े की मिट्टी भर जाएगी।

वे सब खिलखिलाकर हँसने लगीं।

मनु बोली, परंतु वह मिट्टी तुम्हारे केशों पर इन फूलों से कहीं अधिक सुहावनी लगेगी।

मुंदर बोली, सरकार, बालों की शोभा मिट्टी से?

मनु ने मुंदर का कंधा हिलाकर कहा, ये फूल कहाँ से आए? कहाँ जाएँगे? ये क्या मिट्टी से बढ़कर हैं?

मनु की बात में अपनी दादियों से सुनी हुई संसार की अस्थिरता की झाँईं सुनकर वे सब सहम गईं। मनु समझ गई और बोली, नहीं, फूलों से नाता बनाए रखो, परंतु मिट्टी से संबंध तोड़कर नहीं।

स्त्रियों के मन पर एक दार्शनिक झकोर ठोकर दे गई। उन्होंने ऊँचे स्वर में 'हाँ-हाँ' कहा; परंतु आँखों से ऐसा जान पड़ता था मानो उनका आनंद कहीं भाग गया। उन्हें अपनी असंगत अवस्था में क्लेश होने लगा, मानो मनु ने उनके फूलों की भर्त्सना की हो और उनके आदर का अपमान।

मनु ने उन सब स्त्रियों से कहा, तुम गणेश मंदिर में जाकर देखो क्या होता है। मैं तब तक इन तीनों से बात करती हूँ। परंतु एक बात सुनती जाओ। मुझको तुम्हारे फूल बहुत अच्छे लगे, उनको फेंक मत देना।

इस बात पर प्रसन्न होकर वे सब चली गईं। केवल सुंदर, मुंदर और काशी रह गईं।

मनु बोली, मैंने सुना है कि झाँसी के लोग फूलों को बहुत प्यार करते हैं। अच्छा है। मुझको भी पसंद हैं, परंतु क्या दुबले-पतले घोड़े पर सोने-चाँदी का जीन अच्छा लगता है?

सुंदर ने उमंग के साथ तुरंत कहा, सरकार, मैं आपकी बात अब समझी।

रानी बनने के बाद लक्ष्मीबाई पर अनेक नई जिम्मेदारियाँ आ गई थीं। अब उन्हें मराठी ब्राह्मण परिवार के विभिन्न तौर-तरीके, रीति-रिवाज आदि सीखने पड़े। महाराजा का परिवार मुख्यतः शाकाहारी था और गंगाधर राव को दही से बना श्रीखंड बेहद पसंद था। इसके अलावा उन्हें पूजा-पाठ आदि के भी विभिन्न तरीके नए सिरे से सीखने पड़े। इन औपचारिक शिक्षाओं के अतिरिक्त रानी को स्त्रीयोचित गुप्त विद्या और कलाएँ भी सिखाई गईं।

गंगाधर अपनी पत्नी की शिक्षा में स्वयं दिलचस्पी ले रहे थे। अकसर वे लक्ष्मीबाई को राजसी ग्रंथागार में ले जाते, जहाँ युवा रानी सैकड़ों-हजारों की संख्या में रखी किताबें देखतीं, उनके बारे में अनेक प्रश्न उनके दिमाग में उठा करते। लेकिन विशाल ग्रंथालय में रानी को जिस चीज ने सबसे अधिक लुभाया, वह था 'श्रीमद्भगवद्गीता' का एक जेबी संस्करण। जिसे उन्होंने बहुत ध्यान के साथ पढ़ना शुरू कर दिया।

गंगाधर राव स्वयं कलाकार प्रवृत्ति के व्यक्ति थे। उन्होंने झाँसी में ललितकला थिएटर की स्थापना में अहम भूमिका अदा की और अपने मार्गदर्शन में कला-प्रेमियों को संगीत, नृत्य तथा अभिनय की शिक्षा दी। झाँसी का राजसी चार मंजिला महल बुंदेलखंडी शैली में बनाया गया था और इसकी दीवारों को सुंदर कलाकृतियों से सजाया गया था।

उम्र में बड़ा अंतर होने के बावजूद रानी ने अपने पति से गहन प्रेम

संबंध विकसित किए। गंगाधर राव का अपने हाथियों और घोड़ों से विशेष लगाव था। उनके प्रिय हाथी सिद्धबख्श को तो गन्ना और जलेबियाँ खाने को दी जाती थीं। विशेष उत्सवों पर महाराजा इसी हाथी की सवारी करते थे।

गंगाधर ने चाँदी की बनी एक सुंदर पालकी लक्ष्मीबाई को उपहार में दी। यह पालकी गंगाधर ने काशी के एक कारीगर से विशेष रूप से बनवाई थी। पालकी के अंदर लाल मखमली गद्दे थे, जिनके ऊपर सोने के धागों की कढ़ाई की गई थी। पालकी के चारों ओर सोने के धागों की झालरें और परदों पर सुंदर-मनमोहक कलाकृतियाँ बनी हुई थीं। विशेष त्योहारों पर रानी इसी पालकी पर बैठकर महालक्ष्मी मंदिर में पूजा-अर्चना करने जाती थी। पूजा के दौरान मंदिर के अहाते में स्थित लक्ष्मीताल झील में स्थित एक ऊँची मीनार पर शहनाई की धुन बजती थी। लक्ष्मीद्वार के पास भिखारी और अन्य जरूरतमंद लोग रानी का इंतजार करते रहते थे। वहाँ से गुजरते वक्त पालकी के परदों को हलका सा हटाकर रानी उन लोगों को ममता भरी निगाह से देखती थी।

जिस दिन गंगाधर राव के पुत्र हुआ उस दिन संवत् १९०८ (सन् १८५१) की अगहन सुदी एकादशी थी। यों ही एकादशी के रोज मंदिरों में काफी चहल-पहल रहती थी, उस एकादशी को तो आमोद-प्रमोद ने उन्माद का रूप धारण कर लिया। अपनी प्यारी रानी के गर्भ से पुत्र की उत्पत्ति का समाचार सुनकर झाँसी थोड़े समय के लिए इंद्रपुरी बन गई।

राजा ने बहुत खर्च किया, इतना कि खजाना करीब-करीब खाली कर दिया। दरिद्रों को जितना सम्मान उस अवसर पर झाँसी में मिला, उतना शायद ही कभी मिला हो। दरबार में सभी जागीरदारों को कुछ-न-कुछ मिला।

उस दरबार में केवल एक व्यक्ति की इच्छा की पूर्ति न हो सकी। वे थे नवाब अलीबहादुर—राजा रघुनाथ राव के पुत्र। जब अंग्रेजों ने रघुनाथ राव के कुशासन काल में झाँसी का प्रबंध अपने हाथ में ले लिया

था, तभी उनकी जागीर जब्त कर ली गई थी और उनको पाँच सौ रुपया मासिक पेंशन दी जाने लगी थी। जब गंगाधर राव को राज्याधिकार मिला तब उन्होंने यह पेंशन जारी रखी। अलीबहादुर चाहते थे कि यथासंभव उनको वही जागीर मिल जाए। जागीर न मिल सके तो पेंशन में वृद्धि कर दी जाए। जागीर मिलती न देखकर अलीबहादुर ने पेंशन बढ़ाने के लिए विनय की। राजा ने पॉलिटिकल एजेंट से बात करने की बात कहकर नवाब को उस समय टाल दिया। नवाब का मन मसोस खा गया; परंतु उन्होंने आशा नहीं छोड़ी। अनेक अंग्रेज अफसरों से उनका मेलजोल था, परस्पर आना-जाना था। इसलिए उस आश्रय को दृढ़तापूर्वक पकड़ने की उन्होंने अपने जी में ठानी।

दरबार में पगड़ी बँधवाने की प्रथा बहुत समय से चली आ रही थी। श्याम चौधरी नाम के एक सेठ के घरानेवाले ही ऐसे मौकों पर पगड़ी बाँधते थे। श्याम चौधरी लखपति था। कहते हैं कि उस समय झाँसी में बावन लखपति थे। ये बावन घर 'बावन बसने' कहलाते थे। श्याम चौधरी पाग बाँधने के पहले अपना नेग-दस्तूर लेने के लिए बहुत मचला। राजा ने जब मोती जड़े सोने के कड़े देने का वचन दिया तब उसने पगड़ी बाँधी। नवाब अलीबहादुर का जी इससे और भी अधिक जल गया।

वह किसी भी तरह इस भावना को नहीं दबा पा रहे थे—मैं राजा का लड़का हूँ, मैं ही झाँसी का राजा होता, अब मेरे पास जागीर तक नहीं! छोटे-छोटे से लोगों का इतना आदर-सत्कार और मेरी पेंशन बढ़ाने तक के लिए पॉलिटिकल एजेंट की सलाह की जरूरत!

लक्ष्मीबाई का बच्चा लगभग दो महीने का हो गया। परंतु वे सिवाय किले के उद्यान में टहलने के और कोई व्यायाम नहीं कर पाती थीं। शरीर अभी पूरी तौर पर स्वस्थ नहीं हुआ था। मन उनका सुखी था, लगभग सारा समय बच्चे के प्यार में जाता था। राजा भी उस बच्चे पर प्यार बरसाने में काफी समय उनके पास बिताते थे। राजा की प्रकृति में

अद्भुत अंतर आ गया था। शासन की कठोरता में उन्होंने कमी कर दी। जनता उनको प्रजा-वत्सल कहने लगी।

उन्हीं दिनों तात्या टोपे झाँसी में आया। राजा का एक फौजी अफसर कर्नल मुहम्मद जमाखाँ था। उसी की हवेली के एक हिस्से में तात्या को ठहराया गया।

तात्या को रानी से एकांत में बातचीत करने का अवसर मिला। उसने रानी से कहा कि आपको दादा के देहांत का हाल तो मालूम हो गया था, परंतु पेंशन छीने जाने की बात किसी ने नहीं बतलाई। आश्चर्य है!

लक्ष्मीबाई दुःखी स्वर में बोलीं, मैं अस्वस्थ थी, इसलिए यह समाचार मुझ तक नहीं आने दिया गया। अंग्रेजों ने बड़ी बेईमानी की।

रानी जरा मुसकराईं। तात्या उस मुसकराहट को पहचानता था।

रानी ने कहा, तात्या, अभी समय नहीं आया है। घड़ा अपूर्ण है, अभी भरा नहीं है। हम लोगों के आपसी उपद्रवों ने जनता को त्रस्त कर दिया है। उसको थोड़ा साँस लेने योग्य बन जाने दो। समर्थ रामदास का दिया हुआ स्वराज्य-संदेश, छत्रपति शिवाजी का पाला हुआ वह आदर्श, छत्रसाल का वह अनुशीलन अमर और अक्षय है।

तात्या जरा अधीर होकर बोला, महारानी साहिबा, ये बातें कान और हृदय को अच्छी मालूम होती हैं, पर हिंदू और मुसलमान जनता तो अचेत सी जान पड़ती है।

रानी ने दृढ़ स्वर में कहा, तात्या भाई, जनता कभी अचेत नहीं होती। उसके नायक अचेत या भ्रममय हो जाते हैं।

तात्या ने पूछा, तब मैं नाना साहब से जाकर क्या कहूँ?

रानी ने अच्छी तरह समझाया कि कान और आँख खोलकर समय की प्रतीक्षा करें। मुझे अभी तो पूर्ण स्वस्थ होने में ही कुछ समय लगेगा, स्वस्थ होते ही अपने आदर्श के पालन में सचेष्ट होऊँगी। अपने आदर्श को कभी न भूलना—प्रयत्न की पहली और पक्की सीढ़ी है।

लेकिन झाँसी में यह खुशी मात्र तीन महीने ही कायम रह सकी। नवजात शिशु की अचानक मृत्यु हो गई और राजा-रानी तथा समस्त प्रजाजन दु:ख के सागर में डूब गए। किसी ओरस नर वारिस के अभाव में झाँसी राज पर एक बार फिर संकट के बादल मँडराने लगे और इस संकट से झाँसी कभी नहीं उबर सकी।

गंगाधर बुरी तरह टूट चुके थे। उन्हें निरंतर ज्वर रहने लगा तथा पेट की अनगिनत बीमारियों ने घेर लिया। सन् १८५३ में नवरात्रि उत्सव के दौरान गंगाधर ने नौ दिन का व्रत रखा और पैदल चलकर अपनी कुलदेवी महालक्ष्मी के मंदिर में गए। उनके ससुर मोरोपंत और रानी लक्ष्मीबाई ने उन्हें समझाने का प्रयास किया, लेकिन वह नहीं माने। कठोर परिश्रम के कारण उनकी सेहत तेजी से बिगड़ने लगी। अब उनकी नींद उड़ गई थी और वे मरने की इच्छा ही व्यक्त करते रहते।

गंगाधर राव कट्टर हिंदू थे। उनके धार्मिक आग्रहों के चलते उनकी हालत बिगड़ती गई और सन् १८५३ के नवंबर महीने में अतिसार के कारण हालत गंभीर हो गई। योग्य वैद्यों को उनके उपचार के लिए बुलाया गया। लक्ष्मीबाई स्वयं दिन-रात राजा की सेवा में लगी रहीं। लेकिन रोग पर काबू नहीं पाया जा सका।

१६ नवंबर को गंगाधर राव एकदम अचेत हो गए। उनका अंत करीब जानकर मोरोपंत ताँबे और राज के मुख्यमंत्री नरसिंह राव ने झाँसी के भविष्य का प्रश्न उनके सामने रखा। गंगाधर राव थोड़ी देर के लिए होश में आए। बिस्तर पर बैठकर उन्होंने हिंदू धर्म और रीति के अनुसार एक पुत्र को गोद लेने की इच्छा व्यक्त की। गोद लेने के लिए एक कुलीन ब्राह्मण वासुदेव नवलकर के पुत्र आनंद राव का चयन किया गया।

गोद लेने की रस्म २० नवंबर को पूरी की गई। परंपरागत धार्मिक अनुष्ठानों के बीच वासुदेव ने अपने पुत्र पर अपने अधिकारों का त्याग किया। इस अनुष्ठान में झाँसी के तमाम कुलीन लोग और ब्रिटिश सरकार

के प्रतिनिधि मौजूद थे। बालक गंगाधर की गोदी में बैठ गया। उसको एक नया नाम दिया गया 'दामोदर'। बच्चे के मुँह में मिसरी की डली रखकर उसका 'जातकर्म' संस्कार किया गया।

झाँसी की जनता के पंचों, सरदारों और सेठ-साहूकारों को, जो इस उत्सव पर निमंत्रित किए गए थे, इत्र, पान, भेंट इत्यादि से सम्मानित करके विदा किया गया। केवल मेजर एलिस, कप्तान मार्टिन, मोरोपंत और प्रधानमंत्री नरसिंह राव वहाँ रह गए। निकट ही परदे के पीछे रानी लक्ष्मीबाई बैठी हुई थीं। राजा ने एक खरीता कंपनी सरकार के नाम लिखवाया। उसका सार यह है—

'बुंदेलखंड में कंपनी सरकार का राज्य स्थापित होने के पहले से हमारे पूर्वज उनकी हर तरह की सहायता करते आए हैं और मैंने स्वयं जीवन भर उनकी सहायता की है। मेरे घराने के साथ कंपनी सरकार की जो संधियाँ समय-समय पर हुई हैं, उनसे हमारा हक बराबर पुष्ट होता चला आया है। मैं इस समय रोगग्रस्त हूँ। अच्छे होने की आशा है और यह भी आशा है कि स्वस्थ होने पर मेरे संतान हो, परंतु यह सोचकर कि कदाचित् मेरा देहांत हो जाए और बिना उत्तराधिकारी के यह राज्य नष्ट हो जाए, अपने कुटुंब के एक पंचवर्षीय बालक आनंद राव को हिंदू धर्मशास्त्र के अनुसार गोद लिया है। वह रिश्ते में मेरा पौत्र लगता है। यदि मैं स्वस्थ न हो सका और मेरा देहांत हो गया तो यही बालक, जिसका नाम गोद लेने के पश्चात् दामोदर राव रखा गया है, झाँसी राज्य का उत्तराधिकारी होगा। जब तक मेरी पत्नी जीवित रहे तब तक वह इस राज्य की स्वामिनी और इस बालक की माता समझी जाए और राज्य की व्यवस्था उसी के अधीन रहे। मैं चाहता हूँ कि उसको किसी प्रकार का कष्ट न हो।'

राजा ने खरीता अपने हाथ से एलिस के हाथ में दिया। राजा का गला रुद्ध हो गया और आँखों में आँसू भर आए। परदे के पीछे रानी की सिसक सुनाई पड़ी, मानो उस खरीते पर इस सिसक की मुहर लगी हो।

गले को किसी तरह काबू में करके राजा ने एलिस से कहा, आपको मैं अपना मित्र मानता हूँ। बड़े साहब मैल्कम भी मेरे मित्र हैं। गार्डन जैसे मेरा छोटा भाई ही है।

राजा के हृदय में पीड़ा हुई। वे रुक गए। एलिस ध्यानपूर्वक राजा की बातें सुनने लगा।

राजा बोले, इस समय गार्डन मेरे पास होता तो मुझको बड़ी खुशी होती। 'देखो मेजर साहब, दामोदर राव कितना सुंदर है। यह बड़ा होनहार है। मेरी रानी-सी माता को पाकर झाँसी को चमका देगा। मेरी झाँसी को ये दोनों बड़ा भारी नाम देंगे।

परदे के पीछे फिर सिसकी सुनाई दी। एलिस ने आँख के एक कोने से उस ओर देखकर मुँह फेर लिया। राजा ने परदे की ओर मुँह फेरकर रुद्ध स्वर में मुश्किल से कहा, यह क्या है? रोती हो? मैं अच्छा हो रहा हूँ। पर मुझे अपनी बात तो कह लेने दो।

रानी ने धीरे से खाँसकर कंठ संयत किया।

राजा स्थिर होकर बोले, मेजर साहब, हमारी रानी स्त्री जरूर है, परंतु इसमें ऐसे गुण हैं कि संसार के बड़े-बड़े मर्द इसके पैरों की धूल अपने माथे पर चढ़ाएँगे।

बहुत प्रयत्न करने पर भी राजा अपने आँसुओं को न रोक सके। दुर्बल हाथों से राजा ने आँसू पोंछे। गले को नियंत्रित किया। बोले, रानी बहुत अच्छी व्यवस्था करेगी। आप लोग दामोदर राव की नाबालिगी के कारण परेशान मत होना। राजा के हृदय में पीड़ा बढ़ी। किसी प्रकार उसको काबू में करके उन्होंने कहा कि मुझे झाँसी के लोग बहुत प्यारे हैं। मैं चाहता हूँ, मेरी जनता सुखी रहे। मैंने जिसको जो कुछ दिया है, वह सब उसके पास बना रहना चाहिए। मुगलखाँ बहुत बड़ा गवैया है, मेजर साहब।

एलिस ने सोचा, गंगाधर राव का दिमाग फिरने को है। जरा चिंतित हुआ।

इसके पश्चात् राजा को खाँसी आई और साथ ही रक्त। वैद्य ने दवा दी। राजा को कुछ चैन मिला। पर वे जान गए कि यह क्षणिक है। बोले, एलिस साहब, ये हमारे वैद्यजी बड़े हठी हैं। अपना एक अलग नगर बसा रहे हैं। मैंने अनुमति दे दी है। इनके हठ को कोई तोड़े नहीं।

वैद्य की आँखों में भी आँसू आ गए। उसको उसने किसी बहाने पोंछ डाला। वह बाहर चला गया।

राजा के होंठों पर एक क्षीण मुसकराहट आई। वह फिर खाँसे। अबकी बार ज्यादा खून आया। वैद्य फिर भीतर आया। उसने आज्ञा के स्वर में प्रतिवाद किया कि महाराज, अब बिलकुल न बोलें।

राजा की आकृति बिगड़ी। सब लोग चिंतित और भयभीत हुए। राजा ने आँखें स्थिर कीं और कहा, मेजर साहब, भूलना मत। हमको आपका भरोसा है। हमारी प्रार्थना को ध्यान में रखना। लाट साहब को मेरी विनती···

इसके बाद वे नहीं बोल सके और बेहोश हो गए। एलिस और मार्टिन चले गए। लक्ष्मीबाई तुरंत परदे से बाहर निकल आईं। पति की उस दशा को देखकर चीत्कार कर उठीं। मोरोपंत ने दामोदर राव को बुलवा लिया। नाना भोपटकर लेकर आए। रानी को सांत्वना मिली। लेकिन २१ नवंबर, १८५३ को गंगाधर राव की मृत्यु हो गई। उनकी मृत्यु के बाद अंग्रेजों ने ठीक उनकी इच्छा के विपरीत कार्य किया।

□

❋ पाँच ❋

राज्य की तमाम जिम्मेदारियाँ अब रानी लक्ष्मीबाई के कोमल, किंतु शक्तिशाली कंधों पर आ गईं। सन् १८४७ में लॉर्ड डलहौजी भारत का गवर्नर जनरल बना था और उसे इस पद पर सन् १८५६ तक बने रहना था। आत्मविश्वास का धनी और प्रथम श्रेणी के प्रशासक डलहौजी को पक्का यकीन था कि वह अपने कार्यकाल में ज्यादा-से-ज्यादा भारतीय रियासतों को ब्रिटिश साम्राज्य में मिलाने में कामयाब हो जाएगा।

गवर्नर जनरल बनने के तुरंत बाद डलहौजी ने सिखों की चुनौती को स्वीकार किया और युद्ध में उन्हें हराकर पंजाब को ब्रिटिश साम्राज्य में मिलाया। अपने कार्यकाल के दौरान डलहौजी ने आठ भारतीय राज्यों को ब्रिटिश साम्राज्य में मिलाया, क्योंकि इन राज्यों के राजा निःसंतान मर गए थे। इन आठों राज्यों में आखिरी और सबसे महत्त्वपूर्ण था 'अवध' (लखनऊ) का राज्य। जिसे नवाब के कुशासन से बचाने का बहाना बनाकर ब्रिटिश साम्राज्य में मिला लिया गया।

डलहौजी की नीति के किसी भी भाग को लेकर इतना विरोध नहीं हुआ जितना पदच्युती के सिद्धांत (डॉक्टरिनन ऑफ लैप्स) को लेकर हुआ। इस सिद्धांत के द्वारा डलहौजी ने उन राज्यों को हड़पने को सही बताया जिनके शासक लावारिस मर गए थे। झाँसी के महाराजा की मृत्यु

से डलहौजी को झाँसी को हड़पने का अच्छा मौका मिल गया।

लक्ष्मीबाई, जो पहले ही गमगीन थीं, के लिए राज्य पर संकट उनके दु:खों को और बढ़ानेवाला था। उन दिनों नि:संतान विधवा को परिवार और समाज के लिए अभिशाप समझा जाता था। विधवाओं के पुनर्विवाह की मनाही थी। धार्मिक संस्कारों के अनुसार विधवाओं को भी अपना सिर मुँडवाना पड़ता था। उसे सफेद साड़ी पहननी पड़ती, सख्त जमीन पर सोना पड़ता और अपना बाकी का जीवन ससुरालवालों की सेवा करते बिताना पड़ता था। कदम-कदम पर विधवाओं को ताड़ना और अपमान सहना पड़ता। यही कारण था कि अधिकतर विधवाएँ अछूत जीवन जीने के स्थान पर पति की चिता में जलकर 'सती' होना ज्यादा पसंद करती थीं।

इन कठोर नियमों और कुरीतियों से राजपरिवार के लोग भी अछूते नहीं थे। लक्ष्मीबाई को भी उनके ससुरालवालों ने काशी जाकर सिर मुँडवाने के लिए मजबूर कर दिया। लेकिन ब्रिटिश अधिकारियों द्वारा उनकी यात्रा पर रोक लगा दिए जाने के कारण रानी इस अपमानजनक स्थिति से बच गईं। रानी लक्ष्मीबाई ने बहुत सावधानी से अपने पति का संस्कार किया और उनकी आत्मा की शांति के लिए उदारता से दान-पुण्य किया।

रानी लंबे समय तक दु:ख में डूबी नहीं रहीं; उन्हें अपनी उन तमाम जिम्मेदारियों का अहसास था जो महाराजा ने मरते वक्त झाँसी की रानी और एक पाँच वर्षीय बालक की माता बनाकर सौंपी थीं। उन्हीं दिनों अंग्रेजों ने दक्कन में सतारा राज्य को भी हड़प लिया था और अब उनकी निगाहें झाँसी पर लगी थीं। लक्ष्मीबाई को विश्वास था कि झाँसी उनके कारण बच सकती है। अपने पिता मोरोपंत से सलाह कर उन्होंने झाँसी राज्य का शासन चलाने और दामोदर को गोद लेने की ब्रिटिश मंजूरी हासिल करने के लिए औपचारिक रूप से याचिका भेज दी।

झाँसी का राजकाज सँभालने के बाद लक्ष्मीबाई ने परदा प्रथा समाप्त

कर दी। वह जानती थीं कि लोगों के नजर में आने के बाद उन्हें उनका विश्वास और समर्थन अच्छी तरह से हासिल हो सकता है; लेकिन अंग्रेजों के साथ कोई भी व्यवहार करते समय रानी चालाकी से परदे के पीछे ही रहती थीं। ऐसा करना रानी के लिए आवश्यक था, क्योंकि अंग्रेजों ने राज्य के खजाने पर अधिकार कर लिया था और कलकत्ता से अगले आदेशों की प्रतीक्षा में थे। इस कारण से लक्ष्मीबाई राजकाज के लिए जरूरी धन भी नहीं निकाल सकती थीं।

लेकिन फिर भी रानी राज्य का शासन चलाने लगी और अपनी प्रजा की सहायता और मार्गदर्शन करने लगीं। उनसे कोई भी मिलने आता तो उसका खुले दिल से स्वागत होता। झाँसी की प्रजा भी रानी की शुचिता और सेवाभाव के कारण उनका आदर करती थी। लोगों ने लक्ष्मीबाई को अपनी रानी के रूप में स्वीकार कर लिया था, भले ही अंग्रेजों ने उन्हें मान्यता दी हो या न दी हो।

जब महीने भर से ऊपर हो गया और कलकत्ता से कोई जवाब नहीं आया तो एलिस, मैल्कम इत्यादि को चिंता हुई। शायद गवर्नर जनरल रानी के पक्ष में फैसला कर दें और झाँसी सरकारी 'बंदोबस्त' की हुकूमत से वंचित रह जाए।

एलिस के सामने सदाशिव राव नेवाल्कर नाम का एक व्यक्ति दावेदार बनकर आया। सदाशिव राव को एलिस ने प्रोत्साहित किया। सदाशिव राव ने एक लंबे कागज की अर्जी पेश की। गंगाधर राव के वंश का कुरसीनामा अर्जी में दर्ज किया—ठीक पाँचवीं पीढ़ी पर। और रानी बेचारी तो किसी भी पीढ़ी में न थी! गत राजा की धर्मपत्नी! तो भी क्या हुआ? स्त्री तो थी!

मैल्कम ने ३१ दिसंबर, १८५३ को सदाशिव राव की सिफारिश करते हुए लिखा कि यदि मृत राजा के पुरखों के किसी मर्द वारिस का ही हक कबूल किया जाना है, तो यह व्यक्ति वास्तव में गद्दी का सबसे अधिक निकट हकदार है।

रानी गंभीरतापूर्वक सारी स्थिति का अवलोकन कर रही थीं। वे झाँसी राज्य को अपने किसी उद्‌देश्य की पूर्ति का साधन मात्र समझती थीं। झाँसी का राज्य उनके लिए सुरपुर न था; किंतु जिस सुरपुर को पाने की उनके मन में लालसा थी, झाँसी उसकी एक सीढ़ी मात्र थी।

पति के देहांत के बाद से रानी की दिनचर्या इस प्रकार हो गई—वह नित्य प्रात:काल चार बजे स्नान करके आठ बजे तक महादेव का पूजन करतीं और उसी समय गवैए भजन-गायन सुनाते। फिर ग्यारह बजे तक महल के समीपवर्ती खुले आँगन में घोड़े की सवारी, तीरंदाजी, नेजा चलाना, दौड़ते हुए घोड़े पर चढ़े-चढ़े दाँतों से लगाम पकड़कर दोनों हाथों से तलवार भाँजना, बंदूक से निशाना लगाना, मलखंब, कुश्ती इत्यादि करती थीं और अपनी सहेलियों तथा नगर से आनेवाली कुछ स्त्रियों को यह सब सिखाती थीं। इनमें भाऊ बख्शी की पत्नी प्रमुख थी और बहुधा आनेवालों में झलकारी कोरिन भी थी।

ग्यारह बजे के पश्चात् रानी फिर स्नान करतीं और भूखों को खिलाकर कुछ दान-धर्म करके तब भोजन करतीं। भोजन के पश्चात् थोड़ा सा विश्राम। फिर तीन बजे तक ग्यारह सौ राम नाम लिखकर आटे की गोलियाँ मछलियों को खिलातीं। उस समय वे किसी से बातचीत नहीं करती थीं। और न कोई उस समय उनके पास बैठ सकता था। वे किसी गूढ़ चिंतन, विचार में निमग्न रहती थीं। तीन बजे के पश्चात् संध्या तक फिर वे ही व्यायाम और कसरतें—शरीर को फौलाद बनाने की क्रियाएँ।

संध्या के पश्चात् आठ बजे तक कथा-वार्त्ता, पुराण, भगवद्‌गीता का अठारहवाँ अध्याय और भजन सुनतीं। इसके बाद एक घंटा आगंतुकों को भेंट के लिए दिया जाता था। तीसरी बार स्नान करतीं। इसके बाद थोड़े समय तक इष्टदेव का एकांत ध्यान, फिर ब्यालू भोजन। तत्पश्चात् सुंदर, मुंदर और काशीबाई के साथ थोड़ा सा वार्त्तालाप और फिर ठीक दस बजे शयन। वे समय की बहुत पाबंद थीं। शिथिलता तो उन्हें छू भी नहीं सकती थी।

राज्य मिलेगा या न मिलेगा—इन दोनों के व्यवधान में वे महीने चले जा रहे थे। मोरोपंत ताँबे और कर्मचारी यथावत् कार्य कर रहे थे। एलिस वर्ग अपना पाया मजबूत बनाने की तैयारी करता चला जा रहा था, बहुत सतर्कता, बड़ी सावधानी के साथ।

जब कई महीने बीत गए और डलहौजी का उत्तर न आया तब मोरोपंत, नाना भोपटकर इत्यादि की सम्मति से एलिस और मैल्कम के द्वारा एक खरीता और भेजा। उसमें पुरानी संधियों को दोहराया गया और जिनके सामने गोद ली गई थी, उनके नाम प्रकट किए गए।

एलिस ने सिफारिश की और लिखा—ओरछा राज्य को दत्तक की स्वीकृति दी गई। जैसा ओरछा राज्य वैसा झाँसी राज्य। एक को अनुमति देना और दूसरे को न देना अनुचित मालूम होता है।

यह बात नहीं कि एलिस रानी की अर्जी का स्वीकृत किया जाना पसंद करता हो। वह ओरछा राज्य को दत्तक की स्वीकृति मिलने पर कुढ़ गया था—एक अच्छा-खासा ग्रास कंपनी सरकार के मुँह से दूर हो गया था!

कई महीने के पश्चात् डलहौजी अवध के दौरे से कलकत्ता लौटा। झाँसी की मिसिल पेश हुई। जगह-जगह ऐसे उद्गार जो नाक तक नफरत पैदा करें—बुंदेलखंड में कंपनी के राज्य की स्थापना हमारे पुरखों की सहायता से हुई है! हमारी राजभक्ति की कद्र की जानी चाहिए। संधियाँ पवित्र होती हैं। बेशक! तुम पेशवा के नौकर थे। पेशवा हमसे हारा और उसने अपना स्वामित्व हमारे हवाले किया। अब तुम हमारे नौकर हुए। मरजी हमारी, मानें हम तुम्हारी गोद-वोद को, या न मानें।

डलहौजी ने झाँसी की मिसिल पर २७ फरवरी, १८५४ को हुकुम चढ़ाया कि झाँसी राज्य पेशवा का आश्रित राज्य था। सन् १८०४ की संधि में शिवराव भाऊ ने इस बात को कबूल किया था। हमें ऐसे आश्रित राज्यों में गोद मानने, न मानने का अधिकार है। रामचंद्र राव ने सन् १८३५ में, जिसको हमने सन् १८३२ में राजा की उपाधि दी थी, मरने से

एक दिन पहले किसी को गोद लिया था। वह गोद ब्रिटिश सरकार ने नहीं मानी थी। हम दामोदर राव की गोद को मानने के लिए बाध्य नहीं हैं। इसलिए झाँसी राज्य को अंग्रेजी राज्य में मिलाया जाता है। पॉलिटिकल एजेंट की सिफारिश के अनुसार रानी को मासिक वृत्ति दी जाएगी।

ब्रिटिश अधिकारियों से व्यवहार करने में रानी लक्ष्मीबाई अत्यंत कुशल थीं। गोद लिये बालक को राजा के रूप में स्वीकार कराने के लिए गवर्नर जनरल के पास याचिका भेजते समय रानी अच्छी तरह जानती थी कि अपने पक्ष में किस प्रकार तर्क-वितर्क पेश किए जाएँ। कहते हैं कि रानी ने वह प्रार्थना-पत्र स्वयं लिखा था, जिसकी मूल प्रति फारसी भाषा में उपलब्ध है। पत्र में उन्होंने दामोदर को गोद लेने की तमाम औपचारिकताओं के बारे में विस्तार से वर्णन किया था कि कैसे सारी धार्मिक, कानूनी और राजकीय औपचारिकताएँ पूरी की गईं और किस प्रकार मेजर एलिस और अन्य ब्रिटिश अधिकारी बतौर गवाह पूरे समारोह में उपस्थित थे और आखिर में किस प्रकार दामोदर ने गंगाधर राव का अंतिम संस्कार एक औरस पुत्र के रूप में किया।

प्रार्थना-पत्र के आखिर में रानी ने खासतौर पर इस बात का जिक्र किया कि झाँसी के इर्द-गिर्द तीन राजाओं द्वारा गोद लिये राजकुमारों को ब्रिटिश सरकार ने मंजूर कर लिया था। हालाँकि उनके साथ की गई संधियों में स्थायी अधिकार की बात नहीं कही गई थी, जैसाकि झाँसी के साथ संधि में कही गई थी।

१६ फरवरी, १८५४ को रानी ने एक और प्रार्थना-पत्र भेजा, जिससे कि पहले पत्र की भाषा के कारण किसी भी प्रकार का भ्रम पैदा न हो। इस पत्र में 'वारिस' और 'जानिश' शब्दों की व्याख्या की गई थी। 'वारिस' शब्द से तात्पर्य था राज्य का प्राकृतिक उत्तराधिकारी, जबकि 'जानिश' शब्द से तात्पर्य था उत्तराधिकारी बनाने के लिए गोद ली गई संतान, जब कोई राजा नि:संतान हो।

इन प्रार्थना-पत्रों की सटीकता, स्पष्ट तर्कवादिता और मर्यादित

भाषा सचमुच प्रशंसा के योग्य है। पत्र लिखने में राज्य के मंत्रियों ने रानी लक्ष्मीबाई की सहायता की, लेकिन उनमें से किसी को भी अंग्रेजी कानूनों, जीवन-शैली या भाषा की जरा भी जानकारी नहीं थी। यह कहना ज्यादा ठीक होगा कि युवा रानी अकेली ही लॉर्ड डलहौजी के साथ कानूनी लड़ाई में उतरी थीं। यदि सिर्फ मामले की योग्यता पर ही कोई फैसला होना होता तो अवश्य ही रानी लक्ष्मीबाई की जीत होती।

□

❊ छह ❊

ऐसा प्रतीत होता था कि बदकिस्मती रानी पर भारी पड़ती जा रही थी। कलकत्ता भेजे गए दोनों पत्र मेजर मैल्कम के हाथों वहाँ पहुँचने थे, जो उन दिनों ग्वालियर में तैनात था। मैल्कम ने रानी का पहला पत्र इस सिफारिश के साथ गवर्नर जनरल के पास भेजा कि गोद लिये गए वारिस को हरगिज मंजूरी न दी जाए, हालाँकि मैल्कम रानी की काफी इज्जत करता था। प्रार्थना-पत्र के साथ मेजर एलिस का भी पत्र था, जो समारोह के गवाह थे और पत्र में रानी का समर्थन भी किया था। लेकिन मेजर मैल्कम ने उस पत्र को दबा लिया और जब लॉर्ड डलहौजी ने फैसला ले लिया तभी वह पत्र कलकत्ता पहुँचा।

२७ फरवरी, १८५४ को गवर्नर जनरल ने रानी की याचिका को खारिज करने और झाँसी को ब्रिटिश साम्राज्य में मिलाने का फैसला करते हुए इस आशय का आदेश जारी किया। झाँसी का विलय भारत के शासक वर्ग के लिए भयानक अनुभव था। साथ ही यह हिंदू धर्म की जड़ पर भी प्रहार करता था। हिंदू कानूनों को तो इस घटना ने बुरी तरह से धराशायी कर दिया था। अपने कदम का डलहौजी ने यह कहते हुए समर्थन किया कि झाँसी एक पर-निर्भर रियासत थी और स्वयं इसके शासक को हाल ही में संप्रभुता-संपन्न घोषित किया गया था। ऐसे में यदि राज्य का नर वारिस न हो तो सरकार को इसे अपने शासन में लेने

का पूरा अधिकार है। गोद लिये गए वारिस के संदर्भ में डलहौजी का कहना था कि गंगाधर राव ने लड़के को अपनी मृत्यु के एक दिन पहले ही गोद लिया था, इसलिए इसे मान्यता नहीं दी जा सकती।

झाँसी को हड़पने की घोषणा में जरा भी देर नहीं की गई। इस घोषणा से डलहौजी के फैसले पर मुहर लग गई। अब मात्र कुछ औपचारिकताएँ बाकी थीं। सबसे बड़ी औपचारिकता थी—इस घोषणा की खबर रानी लक्ष्मीबाई तक पहुँचाना। मेजर एलिस पर इस घोषणा-पत्र को रानी के समक्ष पढ़कर सुनाने की जिम्मेदारी डाली गई। क्योंकि मेजर एलिस रानी लक्ष्मीबाई से सहानुभूति रखते थे और मानते थे कि झाँसी का विलय अंग्रेजों की प्रतिज्ञा का खुल्लमखुला उल्लंघन था। इसलिए वे घोषणा-पत्र को रानी के समक्ष पढ़ने से यथासंभव बचना चाहते थे; पर उन्हें यह अप्रिय कार्य करना ही पड़ा। १५ मार्च, १८५४ को सुबह ही वे झाँसी के दरबार में पहुँच गए। अफवाहों का बाजार गरम था और रानी ने अपने मंत्रियों के साथ मंत्रणा भी की थी।

परदे के पीछे से रानी ने मेजर एलिस का शिष्टाचारपूर्वक आदर किया। जब मेजर एलिस ने उन्हें यह खबर सुनाई कि अब झाँसी पर उनका अधिकार नहीं रह गया है और आज के बाद से झाँसी शक्तिशाली ब्रिटिश साम्राज्य का अंग बन जाएगी तो रानी लक्ष्मीबाई ने मधुर, किंतु स्पष्ट शब्दों में बता दिया कि वे अपनी झाँसी कभी नहीं छोड़ेंगी।

झाँसी छिनने की कल्पना मात्र से ही रानी लक्ष्मीबाई का खून खौलने लगा। उनके मंत्रियों को डर लगने लगा कि कहीं रानी अपना आपा न खो बैठें। लेकिन किसी तरह रानी ने अपने गुस्से पर काबू रखा। मेजर एलिस ने भी सूझ-बूझ से काम लिया, क्योंकि झाँसी का प्रशासन उनके जिम्मे था। इसलिए उन्होंने रानी को भरोसा दिलाया कि अपने सामर्थ्य में वे यह सुनिश्चित करेंगे कि ब्रिटिश शासन में भी रानी के अधिकार और इज्जत कायम रहें। रानी ने उनकी बात ध्यान से सुनी और उनकी सदाशयता के लिए उनका धन्यवाद किया; लेकिन खुद की भलाई

उनकी चिंता का विषय नहीं था। झाँसी की प्रजा का भविष्य और उनके राजपरिवार के सुनाम की चिंता अब उन्हें अधिक सता रही थी।

रानी की स्थिति स्वयं उनके लिए भी दुःखदायी थी। उनका राजपाट छिन चुका था, उनकी शक्ति भी छीन ली गई थी। अब वे उन लोगों की जरा भी मदद नहीं कर सकती थीं जो उन्हें माता समान पूजते थे। महारानी के रूप में राज्य की सेवा करने और अपने गोद लिये पुत्र को सिंहासन पर बैठाने का उनका स्वप्न भी छिन्न-भिन्न हो चुका था। अब वे एक निरीह हिंदू विधवा से अधिक कुछ भी नहीं थीं और एक उद्देश्यहीन और निराशामय जिंदगी जीना उनकी नियति बन गई थी। उन्होंने अपने मंत्रियों और सहायकों को तुरंत सेवामुक्त कर दिया और स्वयं अपने शयनागार में जाकर फूट-फूटकर रोने लगीं। दोपहर बाद जब उनके आँसू थमे तो वह पिंजरे में बंद खूँखार शेरनी की भाँति कमरे में चहलकदमी करने लगीं।

झाँसी में मातम छाया हुआ था। दिन भर सारे बाजार बंद रहे और किसी भी घर में चूल्हा तक नहीं जला। हजारों की संख्या में लोग नंगे पैर और नंगे सिर राजमहल में जमा हो गए। इस प्रकार नंगे पैर और नंगे सिर कहीं जाना शोक की निशानी है। अपनी पुत्री की तरफ से मोरोपंत ताँबे ने लोगों से शांतिपूर्वक घर जाने का आग्रह किया। उन्होंने लोगों को भरोसा दिलाया कि अभी सभी कुछ नहीं खोया है और रानी इस संकट से उबरने का रास्ता खोज लेगी। लेकिन कोई भी नहीं जानता था कि वह रास्ता कौन सा है या क्या है? स्वयं मोरोपंत भी अनजान थे।

जब लक्ष्मीबाई ने अपने समर्थन में जुट आई भीड़ के बारे में सुना तो उनका साहस लौट आया। आँसू पोंछते हुए उन्होंने स्वयं को आश्वासन दिलाया कि झाँसी की रानी आँसू बहाने के लिए पैदा नहीं हुई है। उसके बाद उन्होंने अपने सलाहकारों को बुलाया और उनसे डलहौजी के फैसले को बदलवाने का उपाय पूछा।

झाँसी की जनता के क्षोभ का समाचार एलिस को मिल गया।

उसने अपने मन में एक सामंजस्य स्थिर किया और उसके अनुसार मैल्कम को लिखा। मैल्कम ने गवर्नर जनरल को सिफारिश की कि रानी लक्ष्मीबाई को आजीवन पाँच हजार रुपए दिए जाएँ और नगरवाला महल उनकी संपत्ति समझकर उन्हीं को दे दिया जाए। रानी या उनके नौकरों पर ब्रिटिश अदालतों की सत्ता न रहे। अपने नौकरों के अपराधों का वे स्वयं न्याय करें। राजा का निज का धन, रियासत के लेन-देन का हिसाब करके जो बाकी बचे वह, और राज्य के सब जवाहरात, रानी को दे दिए जाएँ। राजा और रानी के नातेदारों की एक सूची बनाई जाए और उन लोगों के निर्वाह की व्यवस्था कर दी जाए।

डलहौजी ने ये सिफारिशें स्वीकार कीं, केवल एक बात यह नहीं मानी कि राजा की निज की संपत्ति, रियासत और जवाहरात रानी के हों। उसने तय किया कि दामोदर राव के होंगे, क्योंकि यद्यपि वह राज्य का अधिकारी नहीं है, मगर हिंदू शास्त्र के अनुसार गंगाधर राव की निजी संपत्ति का अधिकारी अवश्य है।

डलहौजी ने यह आज्ञा २५ मार्च, १८५४ को दी और तदनुसार पॉलिटिकल एजेंट ने झाँसी के खजाने से छह लाख रुपए निकालकर दामोदर राव के नाम से अंग्रेजी खजाने में जमा कर दिए और निश्चय किया कि दामोदर राव को बालिग होने पर ब्याज समेत लौटा दिए जाएँगे। रियासत के सब जवाहरात और सोने-चाँदी के आभूषण इत्यादि 'दामोदर राव हेतु' रानी के अधीन कर दिए।

रानी ने एक अंग्रेज वकील जॉन लैंग की सेवाएँ भी लेने का निश्चय किया। जॉन लैंग एक ईमानदार और न्यायप्रिय व्यक्ति थे। रानी के पक्ष में कानूनी लड़ाई लड़ने के लिए वे सर्वाधिक उपयुक्त थे। उन्होंने रानी को सलाह दी कि वे डलहौजी के फैसले के खिलाफ लंदन में अपील करें और सुनवाई होने तक अंग्रेजों द्वारा दी जा रही पेंशन लेती रहें तथा अपनी दत्तक संतान को बतौर वारिस पेश करने का दावा न छोड़ें।

लैंग की सलाह के अनुसार लक्ष्मीबाई ने एक मिशन लंदन भेजा, जिसमें लैंग के दो सहायक भी थे, जो ईस्ट इंडिया कंपनी के बोर्ड ऑफ डायरेक्टर्स के समक्ष रानी का पक्ष पेश करने के लिए भेजे गए थे। इस अपील को दायर करने के लिए रानी को भारी खर्च वहन करना पड़ा; लेकिन फिर भी मिशन निदेशकों का हृदय–परिवर्तन कराने में नाकामयाब रहा। २ अगस्त, १८५४ को कंपनी के निदेशक मंडल ने फैसला दिया कि गवर्नर जनरल के फैसले को बदलने का कोई कारण नहीं है।

झाँसी को ब्रिटिश शासन में मिलाने का कार्य मेजर मैल्कम को सौंपा गया। मैल्कम ने झाँसी की पदच्युत रानी के साथ उचित बरताव करने के सुझाव दिए थे; क्योंकि उनका चरित्र बेदाग था और झाँसी की प्रजा उनकी बड़ी इज्जत करती थी।

इन सुझावों में कहा गया था कि लक्ष्मीबाई को जीवन भर प्रतिमाह पाँच हजार रुपए झाँसी के खजाने से बतौर पेंशन दिए जाएँ या जहाँ वे बसना चाहें वहाँ के खजाने से उन्हें पेंशन की रकम दी जाए। दूसरे, झाँसी का राजमहल उन्हें रहने के लिए दे दिया जाए और उसे उनकी निजी संपत्ति माना जाए। तीसरे, रानी और उनकी परिचारिकाओं को ताउम्र गिरफ्तार न किया जाए और उन्हें कोर्ट में हाजिर होने की छूट भी दी जाए। चौथे, रानी के दिवंगत पति की आखिरी इच्छा के अनुसार, राज्य के खाते बंद करते समय राज्य के तमाम जेवरात और नकद धनराशि तथा सार्वजनिक कोष में मौजूद सारी धनराशि रानी की निजी संपत्ति मानी जाए, और अंत में राजपरिवार पर निर्भर तमाम लोगों की सूची तैयार की जाए, ताकि उन्हें भी जीवनयापन के लिए वजीफा मिल सके।

इन सुझावों के जवाब में डलहौजी द्वारा भेजे गए पत्र में रानी की भावनाओं का खुलकर निरादर किया गया था। डलहौजी ने तमाम सुझाव मंजूर कर लिये थे सिवाय चौथे सुझाव के; जिसे उसने यह कहते हुए नामंजूर कर दिया कि राजा की संपत्ति को लुटाना सरकार की शक्तियों के परे है, जो कि कानूनन उसके वारिस को मिलेगी, जिसे उसने गोद

लिया था। अपने पत्र में डलहौजी ने भी माना था कि पारिवारिक संपत्ति के उत्तराधिकार के लिए गोद लेना अच्छा उपाय है, लेकिन राज्य के हस्तांतरण के लिए नहीं।

राज्य के खजाने में सोने-चाँदी की मोहरों के रूप में दो लाख पैंतालीस हजार तीन सौ अठहत्तर रुपए मौजूद थे। इसके अलावा सोने-चाँदी के बेशुमार गहने भी थे; लेकिन लॉर्ड डलहौजी ने बड़ी चालाकी से रानी को उनके पति की संपत्ति पर अधिकार से भी वंचित कर दिया। इसके लिए उसने उसी उपाय को हथियार बनाया जो गंगाधर राव ने अपना भविष्य सुरक्षित करने के लिए अपनाया था—यानी उत्तराधिकारी को गोद लेना।

रानी लक्ष्मीबाई ने इस फैसले का कड़ा विरोध किया और संदेशवाहक को दरबार में बुलाने से भी इनकार कर दिया; क्योंकि उन्हें इस फैसले से अपमान और धोखाधड़ी की बू आ रही थी। फिर भी लैंग की सलाह पर उन्होंने अनमने भाव से पेंशन की रकम स्वीकार कर ली। अब अंग्रेजी दमन का बेलन अपरिहार्य और अनवरत गति से चला। सबसे पहले जो हुआ, वह रानी से किले को खाली कराना था। किले से एक बड़ी सुरंग हाथीखाने को और वहाँ से शहरवाले महल को गई थी। रानी ने इसके द्वार को मुँदवा दिया और वह किले से शहरवाले महल में सहेलियों सहित चली आईं।

अंग्रेजी पलटन ने किले पर कब्जा कर लिया। उसके अंग्रेज अफसरों ने रात को कबाब-शराब से जश्न मनाया। पलटन के बहुत से हिंदुस्तानी सिपाही आँसू बहाते हुए सोए।

दूसरे दिन बहुत सा रियासती फौजी सामान नष्ट किया गया और बड़ी-बड़ी तोपों को निरुपयोगी कर डाला गया। झाँसी राज्य की संपूर्ण सेना एक कलम बरखास्त कर दी गई—उनको छह-छह महीने का वेतन देने की उदारता जरूर दिखाई गई। सिपाही वेतन लेकर महल के सामने से निकले। वे रानी का एक अंतिम दर्शन करना चाहते थे। रानी

झरोखे पर परदे के पीछे आ गईं। सिपाही आँसू बहाते जाते थे और 'रानी माता-रानी माता' कहते हुए उनको प्रणाम करते चले जाते थे। रानी परदे के बाहर केवल अपने जुड़े हुए हाथों नमस्कार करती जाती थीं। रानी ने सिपाहियों के आँसू देखकर भी अपने आँसू किसी आश्चर्यपूर्ण क्रिया से रोके।

छह-छह मासवाले वेतन की उदारता केवल सिपाहियों तक सीमित रही, बाकी सब रियासती नौकर खाली जेब घर चले गए। जिनको पटवारीगिरी और कानूनगोई से पेट भरना था, उनकी अर्जियाँ जल्दी-जल्दी मंजूर कर ली गईं।

उसके बाद रानी लक्ष्मीबाई ने राजसी महल छोड़ दिया और शहर में अंग्रेजों द्वारा आबंटित एक साधारण से मकान में आकर रहने लगीं। अगले तीन वर्षों तक कुछ प्रभावशाली अंग्रेजों का समर्थन हासिल करने के प्रयासों के अलावा रानी का जीवन कुल मिलाकर घटनाहीन रहा। लेकिन झाँसी की प्रजा के बीच रानी की लोकप्रियता दिनोदिन बढ़ रही थी। लोगों के दुःख-सुख में रानी मुक्त भाव से शरीक होतीं। उनके बीच रानी की उपस्थिति उन्हें लगातार झाँसी के अपमान की याद दिलाती रहती। अंग्रेजों के खिलाफ लोगों में घृणा तेजी से बढ़ रही थी और लोग मानने लगे थे कि झाँसी को हड़पे जाने के खिलाफ हथियार उठाने में कोई बुराई नहीं है। उनकी नजर में झाँसी को हड़पना ठगों द्वारा कत्ल करने से अधिक भयावह अपराध है।

अपने समर्थकों के साथ अब रानी उचित अवसर का इंतजार करने लगीं जब विद्रोह की चिनगारी सुलगाई जा सके। अपनी अपील खारिज हो जाने के बाद रानी ने अपने मित्रों और हितैषियों की बात सुनना बिलकुल बंद कर दिया, जो अब तक यह मानते थे कि शायद ब्रिटिश सरकार का हृदय-परिवर्तन हो जाए। रानी के विश्वसनीय दूत अब पूरे राज्य में घूम-घूमकर उन्हें बगावत की तैयारियों की पल-पल की खबर देते रहते। रानी के बचपन के मित्र नाना साहब भी सन् १८५७ की

शुरुआत में काल्पी, जो झाँसी से मात्र सौ मील दूर है, आए थे। वहाँ रानी के गुप्तचरों ने उनसे संपर्क किया। झाँसी में अंग्रेज अफसरों को इस घटना की तनिक भी जानकारी नहीं हुई।

अपने वफादार साथियों की निष्ठा को संचय करती रानी लक्ष्मीबाई जल्दबाजी में कोई भी कदम उठाना नहीं चाहती थीं, क्योंकि कोई भी छिटपुट विद्रोह आसानी से कुचल दिया जाता। अंग्रेजों के प्रति रानी के मन में गुस्सा जरूर था, लेकिन वे कभी भी अंग्रेजों से बरताव करते वक्त अपने गुस्से और नाराजगी को जाहिर नहीं होने देती थीं। झाँसी के लोगों की नजर में रानी ही एकमात्र ऐसी महिला थीं जो ब्रिटिश शासन की दुःख-तकलीफों से छुटकारा दिला सकती थीं।

भारतीय आभिजात्य वर्ग और संस्थाओं का एक ही थपेड़े में सफाया कर दिया गया। महाराजा गंगाधर राव द्वारा स्थापित प्रतिष्ठानों को भी ध्वस्त किया जाने लगा। राजकीय सैनिकों को जबरन रिटायर किया जाने लगा। हर नया अंग्रेज अधिकारी दर्जन भर भारतीय कर्मचारियों की छुट्टी कर देता। अतीत में महाराजा की हजारों सैनिकोंवाली सेना के स्थान पर मात्र कुछ सौ सैनिकोंवाली ब्रिटिश सेना झाँसी में तैनात कर दी गई।

आर्थिक गतिविधियों और व्यापार का भी तेजी से ह्रास हो रहा था। झाँसी के प्रसिद्ध कलात्मक कालीनों, पीतल के बरतनों और फर्नीचर आदि का कारोबार चौपट होता जा रहा था। सैनिकों, दुकानदारों और व्यापारियों के साथ-साथ दस्तकारों और कारीगरों का भी रोजगार खत्म हो गया था। देसी कचहरियों के लोप के साथ व्यापार मंदा हो गया, जनता में घोर गरीबी छाने लगी, जबकि पूँजी कुछ हाथों में सिमटकर सड़ने लगी। झाँसी की प्रजा की कीमत पर अंग्रेज साहब लोग फलने-फूलने लगे। नए शासक अनुभवहीन ब्यूरोक्रैट थे, जिन्होंने शहर में गो-वध की अनुमति देकर स्थानीय जनता के गुस्से को भड़काने का कार्य किया। रानी और उनके समर्थकों ने हिंदुओं की धार्मिक भावनाओं को

ठेस पहुँचानेवाले कार्य का जोरदार विरोध किया। लेकिन उनकी तमाम दलीलें और अपीलें अंग्रेज अधिकारियों के बहरे कानों में पड़ीं और प्रत्युत्तर में उन्हें अंग्रेजों द्वारा तिरस्कार ही मिला।

हिंदुओं की धार्मिक भावना का अपमान महालक्ष्मी मंदिर को लेकर किया गया, जो शहर के बाहर स्थित था। गंगाधर राव के एक पूर्वज ने दो गाँवों से प्राप्त राजस्व को मंदिर के कोष में जमा कराने का प्रावधान किया था। इस राजस्व से प्राप्त धनराशि से मंदिर का रख-रखाव और वहाँ आयोजित होनेवाले समारोहों व अनुष्ठानों का खर्च वहन किया जाता। नए शासन द्वारा नियुक्त डिप्टी कमिश्नर ने इस व्यवस्था को जारी रखने की सिफारिश की थी; किंतु आगरा में तैनात उसके बड़े अधिकारियों ने उसके सुझाव को एकदम ठुकरा दिया और मंदिर की आमदनी का जरिया पूरी तरह खत्म कर दिया। इस मामले में भी रानी द्वारा दायर अपीलों को पूरी तरह अनदेखा कर दिया गया। जिन अधिकारियों ने जनता के असंतोष को शांत करने का हरसंभव प्रयास किया था, उन्हें खुद नहीं मालूम था कि अपनी करतूतों से वे किस खतरे को जन्म दे रहे हैं। इसके विपरीत वे इस गफलत में थे कि आस-पड़ोस में ऐसा कुछ भी नहीं हो रहा है जिसे लेकर चिंता की जाए या चौकन्ना रहा जाए। परंतु उनकी राय को गलत साबित करनेवाला वक्त आने ही वाला था।

रानी के पास तात्या, रघुनाथसिंह और जवाहरसिंह आए। रघुनाथसिंह पुष्ट देह का बड़ा बलशाली पुरुष था। जवाहरसिंह जरा छरहरे शरीर का, परंतु काफी बलवान्। प्रणाम करके तीनों बैठ गए। रानी ने पूछा, दीवान जवाहरसिंह को क्या कटीली से ले आए, तात्या?

हाथ जोड़कर रघुनाथसिंह ने उत्तर दिया, दीवान जवाहरसिंह को एक साँड़नी सवार लिवा लाया। उसने प्रातःकाल के कुछ पहले ही सोते से जगाया था। जवाहरसिंह बोला, श्रीमंत सरकार, मुझे किसी का भी डर नहीं है। उस दिन के लिए तरस रहा हूँ, जब झाँसी और अपने स्वामी के लिए अपना शरीर त्याग दूँ।

रानी ने मुसकराकर कहा, आप ही लोगों का बल-भरोसा है। एक दिन आएगा जब आप लोगों के जौहर का उपयोग होगा। तात्या ने कुछ बतलाया होगा?

रघुनाथसिंह बोला, बतलाया है सरकार। थोड़े में समझ लिया। हम लोगों को ज्यादा सुनने-समझने की दरकार नहीं है। अपनी माता के दर्शन करने थे, इसलिए चले आए।

जवाहरसिंह उत्साहित होकर बोला, हम लोगों को सरकार के हाथों अपनी तलवार पर गंगाजल छिड़कवाना है। और आपका आशीर्वाद प्राप्त करना है।

रानी मुसकराकर बोलीं, आप लोगों को मैं अच्छी तरह जानती हूँ। आप लोग सहज ही प्राणों की बाजी लगा सकते हैं; परंतु मैं चाहती हूँ कि प्राणों को सहज ही न खोया जाए। अवसर आने पर ही तलवार म्यान से बाहर निकले, छोटी-छोटी बात पर न खिंच जाए।

तात्या ने बताया कि इन लोगों को लाट की आज्ञा पर बहुत क्षोभ हुआ; ये तुरंत कुछ जबाव देना चाहते थे।

रानी ने समझाया कि अंग्रेजों के अन्याय बढ़ते जाएँ तो अच्छा ही है। फिर भगवान् हमारी जल्दी सुनेंगे। असल में अभी इन छोटी बातों पर खीझ-कसर का निकालना अच्छा नहीं है।

उन दोनों ठाकुरों ने रानी की बात को स्वीकार किया। फिर उन दोनों ने अपनी चमचमाती हुई तलवारें रानी के पैरों के पास रख दीं और हाथ जोड़कर खड़े हो गए।

रानी ने मुंदर से गंगाजल मँगाया।

मुंदर गंगाजल ले आई। रानी ने पहले जवाहरसिंह की तलवार पर छींटे दिए और फिर रघुनाथसिंह की तलवार पर। उन दोनों ने रानी के चरण स्पर्श करके तलवारें म्यान में डाल लीं। रानी पुलकित हुईं। एक क्षण में अपने को संयत करके बोलीं, गंगाजल की पवित्रता को निभाना। आपस की कलह में इसका प्रयोग मत करना और न किसी कलुषित काम में।

उन दोनों ने मस्तक नवाए। रघुनाथसिंह ने कहा, सरकार, अब आशीर्वाद मिलना चाहिए।

रानी का गला भर आने को हुआ। उन्होंने नियंत्रण कर लिया। बोलीं, तुम्हारे हाथों स्वराज के आदर्श का पालन हो। सुखी रहो और अपने पीछे ऐसा नाम छोड़ जाओ कि आनेवाली अनंत पीढ़ियाँ तुम्हारे स्मरण से अपने को शुद्ध करती रहें।

जवाहरसिंह ने कहा, माता, यह आशीर्वाद और वह पवित्र गंगाजल सदा हमारे साथ रहेगा। रघुनाथसिंह बोला, माँ, आज न जाने क्यों ऐसा भास हो रहा है मानो हम लोग अनेक युद्धों पर विजय प्राप्त कर चुके हों। रानी ने कहा, मुझको संदेह नहीं है, युद्धों पर विजय प्राप्त करोगे ही।

रघुनाथसिंह जरा मचलते हुए बोला, माता, हमको आशीर्वाद तो मिल गया, अब प्रसाद मिलना चाहिए। रानी ने तुरंत मुंदर से लड्डू लाने के लिए कहा। मुंदर थाल भर लड्डू ले आई। रानी ने यह कहकर लड्डू की पूरी थाल सबकी ओर बढ़ाई कि उन्होंने स्वयं ही ये लड्डू बनाए हैं।

नहीं सरकार, इतने नहीं। जवाहरसिंह हँसकर बोला, हम लोग भोजन कर आए हैं।

रानी उठीं। दोनों हाथों में एक-एक लड्डू लिया और बोलीं कि अपने हाथ के बनाए लड्डू अपने ही हाथों खिलाऊँगी। तात्या तुम भी खाओ।

उन लोगों ने मुँह खोले। रानी ने आग्रह के साथ खिलाया। बचे हुए लड्डू उन तीनों सहेलियों को खिला दिए।

हाथ-मुँह धोकर वे सब बैठ गए।

रानी ने कहा, आप लोग अभी केवल इतना करें—नातेदारियों में अपना मेल बढ़ाएँ और उनको अपनाएँ। सबके काम में रुचि लें और छोटी-से-छोटी जाति के पुरुष या स्त्री को, गरीब-से-गरीब, मजदूर या

किसान को, कदापि छोटा न समझें। सब जातियों और वर्गों को बिना अपना उद्देश्य बतलाए हथियार चलाना सिखलाएँ। इस काम के लिए काफी अवसर मिल सकते हैं; जैसे—शिकार, उत्सव, ब्याह-बारात इत्यादि।

दोनों सरदारों ने ऐसा करने का वचन दिया। फिर तात्या बोला, मैंने इनसे कहा है कि ऐसी कोशिश करो कि कोई नातेदार डाका न डाले। और डाके डालने ही हैं तो खजानों पर डालो और थाने लूटो।

रानी ने निवारण करते हुए कहा, नहीं तात्या, यह उचित नहीं है। अनाचार और अत्याचार को प्रोत्साहन एक बार मिला कि वह बार-बार सिर उठाता है। जब स्वराज्य का युद्ध शुरू होगा तब खजाने और थाने सब अधिकार में किए जाएँगे। अभी नहीं।

तात्या बोला, अभी तो गार्डन अपना प्रबंध पक्का किए जा रहा है। समझता होगा कि जनता को अपनाते चले जा रहे हैं। रानी ने कहा कि जनता मूर्ख नहीं है।

तात्या, दीवान जवाहरसिंह और दीवान रघुनाथसिंह प्रणाम करके चले गए।

□

❋ सात ❋

मऊ छावनी से लेकर मेरठ छावनी तक और मेरठ छावनी से लेकर दमदम तथा बैरकपुर की छावनियों तक विविध प्रकार के लक्षण दिखाई पड़ने लगे। मऊ, मेरठ, बैरकपुर इत्यादि छावनियों में साधु और फकीर, विविध प्रकार के वेष और रूप धारण करके क्रांति को जगाने का कार्य करने लगे।

ग्वालियर की छावनी में नारायण शास्त्री एक महतरानी को गाना गवाने ले गया। सिपाही उसके नाचने-गाने पर रीझे। समाप्ति पर पैसे देने लगे। नर्तकी ने अपने कटाक्ष और व्यंग्य बाणों से उनमें क्रांति की चिनगारी पैदा की।

छावनियों के सिपाही समय पर चुपचाप परेड पर जाते। चुपचाप ड्यूटी करते, परंतु भन्नाए हुए।

अंग्रेजों को ऊपर की तह चिकनी और समतल दिख रही थी। नीचे के कोलाहल का उनको पता न था। हिंदुस्तान एक सपने में उनकी चुटकी में आया, सपने में ही चुटकी में बना रहेगा और यह सपना कभी न टूटेगा। वे लोग इस बात को नहीं जानते थे, उन्होंने कभी इस बात को नहीं जाना कि हिंदुस्तान जीता भले ही आसानी के साथ जाए, लेकिन बहुत समय तक इसको मुट्ठी में रखे रहना असंभव है। बाहर से आए हुए शासकों को इस देश को पराजित करने में बहुत समय नहीं लगा।

शान के साथ अपना अभिषेक करवा लिया। राजगद्दियाँ भी तोड़ी-मरोड़ीं, परंतु शासक की हैसियत से उनका इस देश में रहना केवल छावनी का प्रवास मात्र रहा।

असल में, जनता को रुष्ट, असंतुष्ट और क्षुब्ध करके यहाँ तो क्या, संसार के किसी कोने में कोई भी शासन नहीं कर सकता। फिर इस देश की जनता व्यक्तित्व-मग्न और महासंस्कृतिमयी है। बहुत दिनों तक विदेशी शासन को सहन नहीं कर सकती।

इसीलिए उनकी अंतरात्मा आसानी के साथ, उस समय के स्त्री-पुरुष नेताओं की बात सुन रही थी और मन में गाँठों पर गाँठें बाँधती चली जाती थी कि कब अवसर मिले और सिर के बोझ को उतारकर फेंक दें।

गार्डन और स्कीन इत्यादि अंग्रेज सोचते थे कि यहाँ के लोग दब्बू हैं—जनता एक भेड़ियाधसान है; थोड़ा वेतन पानेवाले बहुसंख्यक हिंदुस्तानी, मोटी रकमें समेटनेवाले अल्पसंख्यक अंग्रेजों को सदा अपना सहयोग देते रहेंगे।

रेल-तार जारी हो गए। नहरें खुदीं, तालाब सुधारे गए। डाकुओं और बटमारों का दमन हुआ। किसान सुभीते से अपनी खेती काटने लगे। व्यापारी अपना रोजगार करने लगे। मंदिरों, मसजिदों में लोग अपने विश्वास के अनुसार श्रद्धा भेंट कर उठे। कुछ पाठशालाएँ और मदरसे खुल गए। सड़कें बनीं और उनपर पेड़ लगे। पंचायतें टूटीं। अदालतें खुलीं। कानून का बरताव हुआ; परंतु अंग्रेजों ने यह न समझा कि हिंदू-मुसलमान मन-ही-मन मना रहे हैं कि हमारा खोया हुआ अधिकार फिर कब और कैसे हमारे हाथ में आएगा।

उसी दौरान अंग्रेजों ने सेना में उपयोग होनेवाली एन्फील्ड राइफलों के लिए ऐसे कारतूस इस्तेमाल करने शुरू किए थे, जिनमें गाय और सूअर की चरबी से बना ग्रीस लगा होता था। बंदूक में भरने से पहले इस चरबीदार खोल को दाँत से काटकर अलग करना पड़ता था। गाय

हिंदुओं के लिए पवित्र जानवर है और सूअर मुसलमानों के लिए सबसे अपवित्र है। अंग्रेजों के इस अनैतिक कदम से सेना में बगावत को हवा मिली। इसके अलावा ब्रिटिश सरकार के और भी ऐसे कारनामे थे जिनसे भारतीय जनमानस को लगातार ठेस पहुँचती रही। भारतीय सैनिकों के मन में अंग्रेजों के प्रति गुस्सा बढ़ता जा रहा था। कारतूस के मामले ने भारतीय सैनिकों के असंतोष को एकाएक विस्फोटक रूप दे दिया।

भारत में अंग्रेजों की शक्ति बढ़ने के समय से ही भारी राजनीतिक उथल-पुथल, सामाजिक असंतोष और आर्थिक संकट का माहौल लगातार कायम रहा। पुरानी व्यवस्था तेजी से खत्म होती जा रही थी और नई व्यवस्था अपनी जड़ें जमा रही थी। झाँसी की घटनाएँ लंबे नाटक का एक विशेष हिस्सा थीं, जिनका असर पूरे भारतीय उपमहाद्वीप पर पड़ा।

सन् १८५७ के गदर के समय भी भारत एक कृषि प्रधान देश ही था। यहाँ की ज्यादातर आबादी खेती-बाड़ी के काम में लगी हुई थी। सदियों से भारतीय ग्रामों में पंचायत व्यवस्था कुशलतापूर्वक भारतीय किसानों के हितों का पोषण करती आ रही थी। लेकिन ब्रिटिश शासन ने ग्रामीण जमींदारों की प्रतिष्ठा और अधिकार छीन लिये, उनकी जगह डिस्ट्रिक्ट कलक्टरों की नई जमात पैदा हो गई, जिन्हें भारत की जमीनी हकीकत के बारे में कुछ भी अता-पता नहीं होता था। जबकि पुरानी व्यवस्था में जो जमींदार होते थे वे गाँव के निवासी और ग्रामीणों के बीच सुपरिचित होते थे। जमींदारों और किसानों की जाति भी एक ही होती थी। दोनों एक ही मिट्टी से जुड़े होते थे। सदियों से पीढ़ी-दर-पीढ़ी यही व्यवस्था चली आ रही थी। इस प्रकार जमींदार किसानों और उनके आश्रितों के बीच भाईचारा, भाषा और रीति-रिवाजों का रिश्ता होता था, और यही बात जमींदारों को ग्रामीणों और किसानों से जोड़े रखती थी। लेकिन अफसरशाही के आ जाने से यही कड़ी रातोरात गायब हो गई। इन अफसरों का ग्रामीणों से कोई रिश्ता न होने के कारण

उनमें सेवाभाव की कमी थी। उन्हें भारतीय जनता में घुसपैठियों के रूप में ज्यादा देखा जाने लगा।

इसके अलावा उन्नीसवीं शताब्दी के पहले पूर्वार्द्ध में सरकारी मशीनरी बहुत सक्षम नहीं थी और नई जरूरतों के हिसाब से इसमें तेजी से विस्तार भी नहीं हुआ था। ब्रिटिश साम्राज्य में नए-नए इलाके तेजी से मिलाए जा रहे थे, जिसके कारण प्रशासन पर भारी दबाव पड़ता जा रहा था। नतीजतन अव्यवस्था भी बढ़ती जा रही थी और लोगों का असंतोष भी। मध्य भारत और बंगाल के जिलों तथा सह्याद्री पर्वत के आस-पास के इलाकों में लगातार असंतोष बना हुआ था और जनता ने ब्रिटिश शासन को बिना प्रतिरोध किए स्वीकार नहीं किया था।

जैसे-जैसे अंग्रेजों की शक्ति बढ़ती गई और प्रशासन केंद्रीयकृत होता गया तो बड़ी-बड़ी फौजें रखने की जरूरत कम होती गई। परिणामस्वरूप फौज से सैनिकों को जबरन सेवामुक्त किया जाने लगा। अवध को ब्रिटिश शासन में मिलाने के बाद वहाँ की सेना से साठ हजार सैनिकों को जबरदस्ती सेवानिवृत्त किया गया। नागपुर और झाँसी को ब्रिटिश शासन के अधीन लाने के बाद भी यही कहानी दोहराई गई। लाखों की संख्या में सैनिक बेरोजगार होकर अपने परिवारवालों पर बोझ बन गए, जो पहले से ही कठिन समय से गुजर रहे थे। खेत का वह टुकड़ा, जो पहले सात लोगों का पेट भी मुश्किल से भर पाता था, उसपर अब दस लोगों का बोझ पड़ रहा था। खेतों की उपज धीरे-धीरे कम होती जा रही थी। जबकि लगान वसूल करनेवाले ब्रिटिश अधिकारी कठोर रुख अपनाते जा रहे थे। नतीजा यह हुआ कि लाचार किसान सूदखोर साहूकारों के हाथ का खिलौना बनने लगे। गाँव में घोर गरीबी छाने लगी। ब्रिटिश शासन के कारण भारतीय समाज में जीवन का प्रवाह एकाएक थम सा गया। समाज के विघटन की इस प्रक्रिया को डलहौजी के शासन ने और अधिक बढ़ा दिया। जिसमें भारतीय जनमानस की धार्मिक भावनाओं एवं राजनीतिक महत्त्वाकांक्षाओं का पूर्णत: तिरस्कार किया गया।

सत्ता से बेदखल कर दिए गए रजवाड़ों और तालुकदारों के साथ हुए अन्याय ने भी गदर की चिनगारी को भड़काने का काम किया। भारतीय समाज में रजवाड़े और ताल्लुकेदार बड़ी हस्ती होते थे। उनमें इतना स्वाभिमान था कि वे संघर्ष किए बिना अपने भाग्य को स्वीकार नहीं करना चाहते थे। बंगाल में जब सैनिक विद्रोह फूट पड़ा तब इन्हीं सत्ता से बेदखल रजवाड़ों और जागीरदारों ने बागी सैनिकों का साथ दिया।

१९ मई, १८५७ को मेरठ में एक दुर्घटना हो गई। बैरकपुर की उन्नीस नंबर पल्टन को कारतूस प्रयोग करने के लिए दिए गए। सिपाहियों ने प्रयोग करने से दृढ़तापूर्वक इनकार कर दिया। बंगाल में उस समय कोई गोरी पलटन न थी। इसलिए जनरल ने तुरंत बर्मा से एक गोरी पलटन मँगवाकर उन्नीस नंबर पलटन से हथियार रखवा लेने और सिपाहियों को बरखास्त कर देने का निश्चय कर लिया। सिपाहियों को मालूम हो गया। उनमें से कुछ ने चुपचाप हथियार रख देने की अपेक्षा तुरंत क्रांति कर डालने का संकल्प किया। उनके हिंदुस्तानी अफसरों ने ३१ मई तक सब्र करने की सलाह दी। परंतु उस पलटन का एक सिपाही मंगल पांडे आपे से बाहर हो गया। उसने कुछ अफसर मार डाले। इसके बाद उसे फाँसी दे दी गई।

इस घटना की सूचना बहुत शीघ्र उत्तर भारत में फैल गई। नाना साहब और अजीमुल्ला मार्च के महीने में तीर्थयात्रा के लिए निकल पड़े। दिल्ली में गुप्त मंत्रणाएँ हुईं, फिर अंबाला गए। इसके पश्चात् मध्य अप्रैल में लखनऊ पहुँचे। वहाँ नाना साहब का समारोह के साथ जुलूस निकला। नाना अंग्रेजों से प्रत्येक स्थान पर मिलता था, जिससे वे लोग निश्‍िंचत बने रहें।

लखनऊ के बाद काल्पी और झाँसी आए। योजना का कार्यक्रम निश्‍चित करके चले गए। उत्तरी भारत की लगभग समस्त छावनियों में होते हुए नाना और अजीमुल्ला बिठूर गए। स्थान-स्थान और प्रदेश-

प्रदेश में प्रभाववाले व्यक्ति प्रचार के कार्य में जुट गए। अभी तक अंग्रेजों को क्रांति के सामूहिक रूप का बिलकुल पता न था।

गरमी आ गई। सरोवरों में कमल खिल उठे। फसल भी कटकर घरों में आने लगी। स्वाधीनता-युद्ध के दो चिह्न प्रकट हुए। एक कमल, दूसरा रोटी।

कमल के असंख्य फूल भारतवर्ष भर की छावनियों में फैल गए।

कमल फूलों का राजा है। सरस्वती की महानता, लक्ष्मी की विशालता उसके पराग और केसर में कहीं अदृष्ट रूप से निहित है। वह विष्णु की नाभि से निकला और अनंत समय के पश्चात् वहीं वापस जाएगा। वह हिंदुस्तान की प्रकृति का, संस्कृति का, मृदुल मंजुल, मांगलिक और पावन प्रतीक है। उसका रंग हलका लाल है। वह बिलकुल रक्त नहीं है। हिंदुस्तान में होनेवाली क्रांति खूनी जरूर थी; परंतु उस खूनी क्रांति के गर्भ में मंजुलता और पावनता गड़ी हुई थी। इसीलिए सन् १८५७ की क्रांति का यह प्रतिबिंब चुना गया। क्रांति करेंगे मानवीयता की रक्षा के लिए, क्रांति होगी मानवीयता लिये हुए!

कमल के साथ रोटी भी चलती थी! एक गाँव से दूसरे गाँव एक रोटी भेजी जाती थी। दूसरे गाँव में फिर ताजा रोटी बनी और तीसरे गाँव भेज दी गई। हिंदुस्तान की वह क्रांति हिंदुस्तानियों की रोटी की रक्षा के लिए हुई थी। रोटी उस रक्षा के प्रयत्न का प्रतीक थी।

जिसने सोचा, उसने कल्पना का कमाल कर दिया! यह उपज हिंदुओं और मुसलमानों दोनों की थी। कमल और रोटी का दौरा समाप्त नहीं हुआ था कि ६ मई को मेरठ में विस्फोट हो गया।

मेरठ में बड़ी छावनी थी। कई हिंदुस्तानी और अंग्रेजी पलटनें थीं। एक हिंदुस्तानी पलटन के नब्बे सिपाहियों को कारतूस दिए गए। सिपाहियों को विश्वास था कि कारतूस अस्पृश्य चरबीवाले हैं। अंग्रेजों ने उन्हें आश्वासन दिया कि नहीं हैं। पचासी सिपाहियों ने कारतूसों को छूने से इनकार कर दिया। उनका कोर्ट मार्शल हुआ। आज्ञा न मानने के अपराध

में उनको दस-दस वर्ष के कठोर कारावास का दंड मिला। नौ मई के दिन इन सिपाहियों को गोरी फौज और तोपखाने के सामने लाकर खड़ा किया गया। बरदियाँ उतरवा ली गईं और हथकड़ी-बेड़ियाँ डाल दी गईं। छावनी के बाकी हिंदुस्तानी सिपाही भी इस दृश्य को देखने के लिए बुला लिये गए थे। इसके बाद वे लोग जेलखाने भेज दिए गए।

उनके साथी सिपाही क्षुब्ध हो गए, परंतु उनको ३१ मई तक रुके रहने की आज्ञा थी, इसलिए वे गुस्सा पी गए। घटना सुबह की थी।

रात को गुप्त मंत्रणा हुई। निश्चय हुआ कि ३१ मई तक नहीं ठहरेंगे। उसी रात उन लोगों ने दिल्ली खबर भेजी कि कल-परसों तक दिल्ली पहुँचते हैं, सब लोग तैयार रहें।

दस मई को मेरठ में तलवार-बंदूक चल गईं। अंग्रेजों को मारकर सिपाही दूसरे दिन दिल्ली पहुँच गए। वहाँ की हिंदुस्तानी सेना उनसे मिल गई। दिल्ली निवासियों ने उनका साथ दिया।

चारों ओर 'दीन-दीन', 'अल्ला हो अकबर' और 'हर-हर महादेव' के जयघोष एक दूसरे में होकर गूँज गए। दिल्ली की अंग्रेजी फौज मुहासिरे में पड़ गई।

मेरठ और दिल्ली की सम्मिलित हिंदुस्तानी फौज ने दिल्ली के किले पर अधिकार कर लिया। बादशाह बहादुरशाह को भारत का सम्राट् घोषित किया और इक्कीस तोपों की सलामी दी। बादशाह ने क्रांति का नेतृत्व स्वीकार किया और उसने सबसे पहला जो काम किया, वह था गो-वध कतई बंध कर देना।

मई के महीने में लगभग सारे उत्तर हिंद में क्रांति की आग भड़क उठी—किसी दिन कहीं और किसी दिन कहीं।

कानपुर में ४ जून की रात को एकाएक आधी रात के समय तीन फायर हुए। हिंदुस्तानी सेना ने कानपुर में क्रांति का आरंभ कर दिया। सवेरे खजाना और शस्त्रागार क्रांतिकारियों के हाथ में आ गए और नाना को राजा घोषित कर दिया गया।

माह के आखिर तक बगावत की खबर अवध में भी पहुँची, जहाँ सेना में और भी ज्यादा असंतोष था। जून के पहले हफ्ते तक बागियों ने अवध की राजधानी लखनऊ, कानपुर, सीतापुर और अन्य शहरों पर कब्जा कर लिया। बनारस और इलाहाबाद में भी बगावत की नाकाम कोशिशें हुईं। इस तरह उत्तर भारत के एक विस्तृत इलाके ने स्वयं को ब्रिटिश नियंत्रण से मुक्त कर लिया और दिल्ली को अपनी राजधानी घोषित कर दिया। अंग्रेजों की राजधानी कलकत्ता थी; लेकिन उनकी वफादार सेना का बड़ा भाग पंजाब में तैनात था। उस समय ब्रिटिश सेना में सिख, गोरखा और पठान सैनिकों के अलावा तीन हजार ब्रिटिश सैनिक तथा गोला-बारूद भी था।

झाँसी उत्तरी भारत के सीमांत पर स्थित थी। अंग्रेजी शासन से मुक्त दिल्ली और लखनऊ कोई बहुत दूर नहीं थे। पर झाँसी के ठीक उत्तर में ग्वालियर का महत्त्वपूर्ण राज्य था। लेकिन वहाँ का राजा बगावत में शामिल नहीं हुआ, हालाँकि उसके कुछ सैनिकों ने वफादारी का जुआ उतार फेंका और बगावत में शामिल हो गए।

झाँसी का प्रशासक कैप्टन एलेक्जेंडर स्कीन पूरे घटनाक्रम को सहानुभूतिपूर्ण नजरिए से देख रहा था। उसे रानी पर पूरा भरोसा था। मेरठ में सैनिक-बगावत के बाद रानी ने एलेक्जेंडर स्कीन से निजी सुरक्षा के लिए कुछ हथियारबंद सैनिक रखने की अनुमति माँगी तो वह तुरंत तैयार हो गया। अंग्रेजों को तनिक भी आभास नहीं था कि झाँसी में भी बगावत हो सकती है। लेकिन जब झाँसी में सैनिक बगावत भड़क उठी तो अंग्रेज भौचक्के रह गए। स्थिति की गंभीरता को समझते हुए स्कीन ने तुरंत शहर के यूरोपीय और ईसाई निवासियों को रात होने से पहले ही निकालकर झाँसी के किले में पहुँचवा दिया।

झाँसी में बगावत की खबर मिलते ही कैप्टन डनलप अपने सहायक अफसरों के साथ दौड़ा आया और झाँसी में तैनात सैनिकों की निरीक्षण परेड निकलवाई। शुरू में उसे लगा कि मात्र पैंतीस सैनिकों ने ही बगावत

की है। बाकी चार कंपनियों ने ब्रिटिश अधिकारियों के प्रति वफादारी की कसम खाई। लेकिन जल्द ही डनलप को पता चल गया कि सारे सैनिक उनके खिलाफ हो गए हैं। वफादारी की जिन कसमों से कैप्टन डनलप और उसके साथी अफसरों का जो हौसला बुलंद हो गया था कि अभी भी सबकुछ नहीं खोया है और बागी सिपाहियों को आसानी से काबू किया जा सकता है, कुछ घंटों में ही चूर-चूर हो गया।

झाँसी के समस्त सैनिक बगावत में शामिल हो गए थे। सबसे पहले उन्होंने अपने अफसरों को गोली से उड़ा दिया। ब्रिटिश सैनिक अफसरों में मात्र लेफ्टिनेंट टेलर ही जीवित बच पाया। बुरी तरह जख्मी होकर भी वह किसी तरह जान बचाकर शहर के किले तक पहुँच पाया। उसी दौरान बागी सिपाहियों ने जेल में बंद अपने साथियों को छुड़ा लिया। उसके बाद बागी सैनिकों और कैदियों ने मिलकर सरकारी दफ्तरों को तोड़-फोड़ डाला।

स्थिति को सँभालने के आखिरी प्रयास में डनलप ने निकटवर्ती राज्यों टेहरी और दतिया के शासकों से मदद की अपील की; लेकिन कोई जवाब नहीं आया, हालाँकि दतिया मात्र डेढ़ मील की दूरी पर था। मौत के क्रूर पंजों से बचने का मात्र एक उपाय बाकी था। झाँसी में सिर्फ एक शख्सियत ऐसी थी जो वहाँ शांतिपूर्ण शासन की पुनस्स्थपना कर सकती थी और वह थी रानी लक्ष्मीबाई, अंग्रेजों ने जिनका अभी तक केवल अहित ही किया था।

कैप्टन कॉर्डोन ने रानी लक्ष्मीबाई से झाँसी और आस-पास के इलाकों का शासन सँभालने का आग्रह किया, जब तक कि ब्रिटिश शासन दोबारा से स्थापित नहीं हो जाता। लेकिन रानी लक्ष्मीबाई न तो अंग्रेजों पर कोई अहसान करना चाहती थीं और न ही उनका अहसान लेना चाहती थीं।

□

❋ आठ ❋

बगावत के बाद कत्लेआम और हिंसा का दौर शुरू हुआ। अंग्रेजों की आखिरी टुकड़ी ने भी आत्मसमर्पण कर दिया और बागी सिपाही कत्ल और लूटपाट का तांडव मचाते हुए दिल्ली पहुँच गए, जो तब तक भारत में बगावत का केंद्र बन चुकी थी। दिल्ली जाने से पहले बागी सैनिक रानी के पास पहुँचे और उन्हें शहर छोड़कर जाने की अपनी मंशा से अवगत कराया। साथ ही झाँसी को अंग्रेजों के चंगुल से छुड़ाने के लिए तीन लाख रुपए इनाम के तौर पर माँगे।

लक्ष्मीबाई के सामने बड़ी विकट समस्या थी। क्रूरता से ही सही, लेकिन एक बार फिर रानी लक्ष्मीबाई स्वतंत्र शासक बन गई थीं। अवश्य ही वे इस स्थिति को लंबे समय तक कायम रखना चाहती थीं। लेकिन इसके लिए जरूरी था कि अंग्रेजों से बेवजह टकराव मोल न लिया जाए। लेकिन यह तभी संभव था जब वे बागी सैनिकों की सहायता से झाँसी की सत्ता न प्राप्त करें और उन्हें आर्थिक सहायता भी प्रदान न करें। अंग्रेजों ने उन्हें आर्थिक विपन्नता के कगार पर पहुँचा दिया था। लेकिन कुशल प्रशासक और स्त्रीयोचित चतुराई से रानी ने बागी सैनिकों से मोलभाव किया, जो एक तरह से फिरौती वसूल करने आए थे और अंत में उन्हें एक लाख रुपए पर मना लिया। बागी सैनिकों ने रकम लेकर उसी दिन शहर छोड़ दिया।

बागी सैनिकों के शहर छोड़ देने के बाद रानी से सबसे पहले कत्ल किए गए यूरोपीय लोगों के शव इकट्ठा कर बचे-खुचे ईसाइयों की मदद से उनका अंतिम संस्कार कराया। बागियों ने तमाम प्रशासनिक कार्यालयों को आग लगा दी थी और तमाम रिकॉर्ड व दस्तावेज नष्ट कर दिए थे जो सरकार चलाने के लिए जरूरी थे। रानी ने तुरंत सभी जाति-वर्गों के प्रतिनिधियों की सभा बुलाई, जिससे राज्य में शांति-व्यवस्था कायम हो सके। इसके अलावा बैंकरों, व्यापारियों, कारीगरों, जमींदारों और कामगारों की भी सभा हुई कि झाँसी में सामान्य स्थिति बहाल करने का कौन सा सबसे अच्छा उपाय हो सकता था। नए प्रशासन को नया सैन्य बल का गठन करने में कुछ हफ्तों का समय लग गया। शहर के नागरिकों ने स्वेच्छा से सतर्कता समितियाँ गठित कीं। रात के समय झाँसी की अँधेरी सड़कों पर पहरा देने लगे। लोगों की रानी में इतनी अधिक आस्था और वफादारी थी कि पूरे उपद्रव के दौरान झाँसी में कोई भी गंभीर अपराध नहीं हुआ, हालाँकि अनेक खतरनाक अपराधी जेल से छूट गए थे।

नागरिकों की आम सभा एक अच्छा अवसर था। इसमें लक्ष्मीबाई को बगावत के बारे में नागरिकों की प्रतिक्रिया जानने का अवसर मिला, और साथ ही सार्वजनिक मसलों पर लोगों की राय की जानकारी मिली। इधर नागरिकों के लिए अपनी संप्रभु शासिका से सीधे बातचीत करने का एकदम नया अनुभव था। नागरिकों की इस सभा में स्व. कैप्टन गॉर्डोन के भारतीय सचिव भी शरीक हुए थे। सभा में एक बात तो साफ हो गई थी कि नागरिकों को ब्रिटिश शासन की तुलना में रानी का राज अधिक पसंद था। नागरिकों ने एक स्वर से विदेशी शासन के खिलाफ अपनी राय जाहिर की।

सभा के दौरान महल के बाहर भारी भीड़ जमा हो गई थी, जो सभा के नतीजों को जानने के लिए उत्सुक थी और लक्ष्मीबाई के दर्शनों की माँग कर रही थी। सभा के बाद मोरोपंत ने बाहर आकर लोगों को सूचित किया कि नागरिकों के प्रतिनिधियों ने एकमत से रानी के शासन

का समर्थन किया है और इसके अनुसार झाँसी का राज्य एक बार फिर स्वतंत्र हो गया। उसी समय महल की बालकनी में लक्ष्मीबाई प्रकट हुईं और भीड़ ने 'लक्ष्मीबाई की जय हो', 'लक्ष्मीबाई अमर रहे', के नारों से आसमान गुंजा दिया। शहर की तमाम सड़कों और चौराहों पर जनसामान्य की भीड़ नई आजादी का जश्न मनाने के लिए उमड़ पड़ी। सभी ने अपने घरों पर मराठा राज्य का पीला ध्वज फहरा दिया, मंदिरों में प्रार्थनाएँ कीं, मसजिदों में नमाज पढ़ी और सार्वजनिक भोज का आयोजन किया। आजादी की खबर का स्वागत तोपें दागकर किया गया।

अगले ही दिन रानी लक्ष्मीबाई ने अपनी सरकार का गठन किया। लक्ष्मण राव प्रधानमंत्री बनाए गए, मोरोपंत ताँबे को प्रिवी पर्स (वित्त विभाग) सौंपा गया। नाना भोपटकर मुख्य न्यायाधीश बनाए गए और जवाहरसिंह को सेनापति नियुक्त किया गया। राजस्व, पुलिस, धर्म और अन्य विभागों में भी नई नियुक्तियाँ की गईं। अपने तमाम अधिकारियों को रानी ने सिर्फ एक साधारण संदेश भेजा—'तत्परता, व्यवस्था, सख्ती और सतर्कता कायम रखी जाए तथा कर्तव्यों की कभी भी अनदेखी न हो।' इस तरह से शासक के रूप में रानी का पुनर्जन्म हुआ।

सत्ता सँभालने के बाद लक्ष्मीबाई ने एक साथ तीन मोरचों पर कार्य शुरू कर दिया। सबसे पहले उन्होंने झाँसी राज्य में अपनी स्थिति मजबूत करनी शुरू की। इसके लिए आंतरिक व्यवस्था कायम करनी थी और बाहरी खतरों को दूर करना था। दूसरा कार्य था देश में असंतोष के तमाम केंद्रों से प्रगाढ़ संबंध स्थापित करना, ताकि सही समय पर उनसे हाथ मिलाया जा सके, और तीसरे, एक शक्तिशाली सेना का गठन कर हमेशा संघर्ष के लिए तैयार रहना था।

रानी का कार्य आसान नहीं था और न ही उन्हें सैन्य संचालन या प्रशासन का भी कोई खास अनुभव था। उनके सलाहकार अवश्य ही उनके प्रति समर्पित थे और उनमें से कुछ के पास दूरदृष्टि, ऊर्जा और दृढ़ता थी। नीतियों का गठन और उन्हें लागू करने के लिए साधनों को जुटाने की

जिम्मेदारी रानी के कंधों पर ही थी। सिर्फ वही नए-नए विचारों की ईजाद करतीं और लोगों में देशभक्ति की भावना की प्रेरणा देतीं। इन्हीं प्रयासों का नतीजा था कि वे अपनी प्रजा का विदेशी तानाशाही के खिलाफ संघर्ष में नेतृत्व कर सकीं।

लक्ष्मीबाई एक धर्मपरायण हिंदू महिला थीं। सभी त्योहारों और पवित्र दिनों को वे पूरी भक्ति और श्रद्धा से मनाती थीं। बड़ी सावधानी से व्रतों का पालन करतीं। एक बार फिर उन्होंने झाँसी में गो-वध पर पाबंदी लगा दी और दो गाँवों से प्राप्त राजस्व को उन्होंने महालक्ष्मी मंदिर को सौंपने की व्यवस्था पुनः लागू की। विद्वान् ब्राह्मणों और साधु-संन्यासियों का रानी बहुत आदर करती थीं।

प्रशासन और सेना के मामलों में रानी बड़ी उदार थीं। इन दोनों महकमों में उन्होंने कभी भी किसी प्रकार का भेदभाव नहीं किया, केवल योग्यता के आधार पर उनकी नियुक्ति की। अपने कर्मचारियों पर रानी पूरा भरोसा करती थीं और बदले में कर्मचारी भी रानी पर पूरा भरोसा करते और उनके प्रति पूरी निष्ठा और सम्मान रखते थे। उनके तोपखाने का मुखिया खुदाबख्श नामक एक मुसलमान था, जिसे अपनी कर्तव्यनिष्ठा और अचूक निशानेबाजी के लिए भारतीय और ब्रिटिश सैन्य अधिकारियों से बराबर प्रशंसा मिली थी।

अल्प समय में ही रानी ने नए सरकारी कार्यालय बनवाए, न्यायालयों का गठन किया और अपने स्व. पति गंगाधर राव का अनुसरण करते हुए कला और साहित्य को बढ़ावा देने के कार्य शुरू किए। राज्य के पुस्तकालय में उन्हें विशेष दिलचस्पी थी। उनके पूर्ववर्ती शासक शिक्षा को बढ़ावा देते रहे थे। रानी ने इस परंपरा को कायम रखा और धर्म, दर्शन तथा अन्य विषयों की पुस्तकों को खरीदने के लिए धन की व्यवस्था की।

राजदरबार का पारंपरिक वैभव लौटाने में भी रानी ने जरा भी वक्त जाया नहीं किया। एक बहुत बड़े मैदान में राजमहल की चार मंजिली इमारत बनी हुई थी। इसमें आठ आयताकार राजदरबार बने हुए थे। इन

राजदरबारों में भारतीय शैली की सजावट की गई थी और कीमती गलीचे बिछाए गए थे। आम दरबार में रानी ने राजपूत शैली की लघु चित्रकारी की सजावट करवाई थी और मराठा योद्धाओं की तसवीरें टँगवाई थीं। फर्श पर लाल रंग का कालीन बिछा था, जिसपर सफेद रेशमी चादरों से ढके चौकोर गद्दे पंक्तियों में बिछे हुए थे। मेहमानों के आराम के लिए इन गद्दों के साथ तकियों और गावतकियों की व्यवस्था की गई थी।

रानी के शासन में मुकदमों को तेजी से निपटाया जाता था। दीवानी और फौजदारी मामलों को रानी दरबार में ही निपटा देती थीं। यदि किसी मामले में विशेषज्ञों की राय की जरूरत होती तो बेहिचक सलाह-मशविरा करती थीं। विशेष अवसरों पर वे खुद अपने हाथ से आदेश और फैसलों को लिखती थीं। आमतौर पर वे मौखिक रूप से अपना फैसला सुना देतीं, जिसे दो किरानी लिखते जाते थे।

रानी लक्ष्मीबाई अपने स्वास्थ्य का पूरा खयाल रखती थीं। वह कुश्ती, घुड़सवारी और तलवारबाजी का अभ्यास नियमित रूप से करती थीं। इन सबके अलावा रानी को घोड़ों की अच्छी पहचान थी।

□

❋ नौ ❋

लेकिन अभी भी रानी लक्ष्मीबाई के सामने दो गंभीर खतरे मौजूद थे। इन खतरों को दूर किए बिना वह अपना शासन शांतिपूर्ण ढंग से नहीं चला सकती थीं। पहला खतरा था गंगाधर राव का भतीजा सदाशिव राव, जिसकी नजर झाँसी के राजसिंहासन पर थी और जिसे उसके संदिग्ध चरित्र के कारण राजसिंहासन का उत्तराधिकारी नहीं बनाया गया था। गंगाधर राव की मृत्यु के बाद उसने सिंहासन पर अधिकार जमाने के लिए बागियों को भड़काया था, लेकिन कूटनीति से काम लेते हुए रानी ने उसकी चाल को नाकामयाब कर दिया था।

रानी ने कर्मचारियों को अपने-अपने विभागों को दृढ़ता और सावधानी के साथ सँभालने एवं चलाने का आदेश दिया।

सवेरे से ही रिसाले और पैदल पलटनों की कवायद और निशानेबाजी शुरू हो जाती। समय पर बिगुल बजता और ठीक समय पर सब काम होता रहता। सेना में लगभग सब पुराने सिपाही आ गए। नई भरती भी बहुत हुई। सब जातियों और वर्गों के आदमी लिये गए। रानी की हिदायत थी कि सेना को सारे राज्य की जनता अपना समझे और यह तभी हो सकता था जब सेना में सब जातियों के लोग रखे जाते।

झाँसी का राज्य लेने पर अंग्रेजों ने लगभग सब पुरानी तोपों को कीलें ठोककर बेकार कर दिया। तोपों के ढालने के कारखाने को चालू

करने का कार्य तुरंत शुरू कर दिया गया। गोले-गोलियाँ बनाने का, तलवारें, बंदूकें, पिस्तौलें इत्यादि तैयार करने का भी काम जारी हो गया; परंतु नए हथियारों का कारखानों से बनकर निकलना शीघ्र संपादित नहीं हो सकता था। इसलिए रानी ने, जहाँ मिले, पुराने हथियार इकट्ठे किए। जनता ने जी खोलकर धन दिए।

गुलाम गौसखाँ ने दो दिन में तोपों को ठीक कर लिया। कुछ तोपें गड़ी हुई पड़ी थीं। उनको भी सँभाल लिया। यह अच्छा हुआ, क्योंकि राज्य को हाथ में लेने के ठीक पाँच दिन बाद (१३ जून की रात को) रानी को मोतीबाई ने खबर दी कि करेरा के किले पर सदाशिव राव नेवालकर ने हमला किया है और काफी सेना इकट्ठी कर ली है।

सदाशिव राव झाँसी की गद्दी का दावेदार था। झाँसी में ही रहता था। ३१ मई की हलचल की उसको खबर थी। वह अपनी लुढ़िया मारने के लिए झाँसी से निकल गया। गाँवों में लोग क्रांति के लिए तैयार थे ही, बहुत से मनचले नौजवान हथियार बाँधकर सदाशिव के साथ हो गए।

करेरा में थानेदार और तहसीलदार अंग्रेजों की ओर से नियुक्त थे। उनको सदाशिव ने मार भगाया। तुरंत अड़ोस-पड़ोस के जागीरदारों से रुपया वसूल किया और दो-एक दिन के भीतर ही अभिषेक करवा लिया। पदवी धारण की—महाराज श्रीसदाशिव नारायण! और प्रसिद्ध किया कि मैं ही झाँसी राज्य का सच्चा और सही अधिकारी हूँ। गाँव-गाँव में अपने 'महाराज' होने के घोषणा-पत्र भिजवाए। जिसने उसको झाँसी का राजा न माना उसकी तुरंत जायदाद जब्त कर ली। ऐसे सपाटे के साथ कदम बढ़ाया मानो दो-चार हफ्ते में ही सारे हिंदुस्तान का चक्रवर्ती हो जाएगा।

उसने समझा, झाँसी अनाथ है—महज एक अल्पवयस्क स्त्री के हाथ में है। खबर पाते ही रानी ने तैयारी कर ली। नगर का प्रबंध मजबूत था ही। उत्तर, पूर्व और दक्षिण के भागों का शीघ्र संतोषजनक प्रंबध कर

लिया। करेरा पश्चिम दिशा में था। गड़बड़ केवल इसी दिशा में सदाशिव के कारण थी।

झाँसी की सेना अधकचरी थी, परंतु सेनापति चतुर और उत्साही थे। करेरा कूच करने के पहले तीनों सहेलियों को उत्साहित करते हुए मुसकराकर रानी ने कहा कि तुम तीनों कर्नलों की परीक्षा महाराज सदाशिव नारायण के सामने होगी।

मुंदर ने विनोद किया कि यदि महाराज साहब हमारे जनरल का नाम सुनते ही भाग गए तो? रानी ने काशी से कहा कि मैं बिलकुल पीछे रहूँगी। और तुम्हें आगे जाकर लोहा लेना पड़ेगा। रानी ने कूच कर दिया।

वे इतने वेग के साथ अपने घुड़सवारों को लेकर करेरा पहुँचीं कि 'महाराज' सदाशिव राव को लड़ने तक का मौका नहीं दिया।

रानी ने पहुँचते ही करेरा के किले को ऐसा घेरा कि सदाशिव ने भागकर मुश्किल से अपनी जान बचाई। सिंधिया के राज्य में, नरवर में, जाकर दम लिया।

वहाँ से सदाशिव ने सिंधिया से सहायता की याचना की। ग्वालियर से थोड़ी सी सहायता आई थी। परंतु रानी ने सदाशिव को नरवर में घेर लिया। उसे पकड़कर झाँसी ले आईं और किले में कैद कर दिया।

अभी रानी लक्ष्मीबाई सदाशिव राव से निपटी ही थीं कि पड़ोसी रियासतों दतिया और पिहारी के राजकुमारों ने झाँसी को रानी के हाथों से छीनने के प्रयास आरंभ कर दिए; लेकिन उन दोनों रियासतों की मिली-जुली सेनाओं को रानी के सैनिकों ने बुरी तरह हराकर वापस खदेड़ दिया था।

अभी ये उपद्रव शांत भी नहीं हुए थे कि ओरछा की लड़ाका रानी लहरीबाई ने झाँसी पर भयानक हमला बोल दिया। ओरछा की विशाल सेना नत्थे खान के नेतृत्व में लड़ने के लिए आ गई। नत्थे खान जनरल तो अच्छा था, लेकिन राजनीति उसके बस की बात नहीं थी। परंतु

अपनी राजनीतिक कुशलता दिखाने के लिए उसने झाँसी पर धावा बोलने से पहले लक्ष्मीबाई के पास एक दूत भेजा और कहलवाया कि वह भी अंग्रेजों के समान रानी की पेंशन बाँधने के लिए तैयार है, बशर्ते वह आत्मसमर्पण कर दे और झाँसी के किले को तुरंत खाली कर दे। लेकिन स्वाभिमानी रानी ने नत्थे खान की इस पेशकश को ठुकरा दिया और कहलवाया कि युद्ध में वह नत्थे खान को जनाना बनाकर छोड़ेगी।

लहरीबाई द्वारा किया गया अप्रत्याशित और अकारण आक्रमण झाँसी के लोगों के लिए एक चुनौती और अवसर बनकर आया था कि वे रानी के प्रति अपनी वफादारी दिखा सकें। रानी ने निकटवर्ती बुंदेला सरदारों से झाँसी की रक्षा करने की अपील की। आस-पास के बुंदेला सरदार तुरंत ही अपनी पैदल सेना और घुड़सवार दस्तों के साथ झाँसी पहुँच गए। कुछ ही दिनों में झाँसी एक बड़ी फौजी छावनी में बदल गई। तमाम बुंदेला सरदार अपनी-अपनी फौजों के साथ झाँसी में डेरा डालकर बैठ गए और बेसब्री से शत्रु के साथ दो-दो हाथ करने का इंतजार करने लगे।

जब लक्ष्मीबाई को नत्थे खान की फौज का शहर की तरफ कूच करने का समाचार मिला, तो उन्होंने तमाम सरदारों को इकट्ठा किया और घोड़े पर सवार होकर उनकी सामूहिक सलामी ली। दीवान जवाहरसिंह को अपने पास बुलाया और उसकी कलाई पर केसरिया रंग का धागा बाँध दिया। किसी सरदार को सेनापति नियुक्त करने का यह परंपरागत तरीका था। इसमें नियुक्ति के साथ-साथ विजय की शुभकामना भी छिपी रहती है। युद्ध की पूर्व संध्या पर अपने सभी सरदारों की उपस्थिति में रानी द्वारा इतने सम्मानजनक तरीके से सैन्य संचालन की जिम्मेदारी सौंपे जाने से जवाहरसिंह भाव-विभोर हो गए और उन्होंने अपनी तलवार रानी के कदमों में रख दी। यह रानी के प्रति उनकी निष्ठा का प्रदर्शन था। रानी ने तलवार उठाई और उत्साहपूर्वक जवाहरसिंह को सौंप दी। वहाँ उपस्थित सभी लोगों ने जोरदार तालियाँ बजाकर हर्ष ध्वनि की।

साथ ही नगाड़े और रणसिंगे भी नए सेनापति को सलामी देने के लिए बज उठे।

लक्ष्मीबाई को शत्रु की शक्ति का पूरा अंदाजा था। इसलिए वे नहीं चाहती थीं कि उनकी फौज नत्थे खान से लड़ने के लिए झाँसी से दूर जाए। वे चाहती थीं कि नत्थे खान उनकी तोपों की हद में आ जाए। इसलिए उन्होंने उसे झाँसी के दक्षिणी द्वार तक बेरोक-टोक आने दिया। उनकी तरकीब कामयाब रही। रानी की ओर से कोई प्रतिरोध न देखकर नत्थे खान और उसकी फौज आसान जीत की संभावना से इठलाते हुए शहर में घुसने के लिए दौड़ने लगे। तभी किले की ऊँची दीवारों से रानी के तोपचियों ने नत्थे खान की फौज पर भारी गोलाबारी शुरू कर दी। नत्थे खान की फौज घबराकर लड़ना भूल गई और वापस भाग खड़ी हुई। उसके बाद नत्थे खान ने शहर को चारों ओर से घेरकर किले पर गोलाबारी की योजना बनाई। रात के अँधेरे का फायदा उठाते हुए उसने अपनी चार तोपें ओरछा द्वार की तरफ लगा दीं और झाँसी की फौज पर जोरदार आक्रमण किया।

ओरछा द्वार पर नत्थे खान ने लगातार गोले बरसाए। एक बार तो वहाँ तैनात रानी की सेना के पाँव उखड़ गए। लेकिन रानी खुद जल्दी ही ओरछा द्वार पर पहुँच गईं और अपने सैनिकों को सोने-चाँदी के इनाम का लालच देकर डटे रहने के लिए प्रोत्साहित किया। इस बीच झाँसी की ओर से फौज मदद के लिए पहुँच गई। लक्ष्मीबाई ने अपने मुख्य तोपची खुदाबख्श को अपनी बड़ी तोप बरठा से शत्रु पर गोलाबारी करने का आदेश दिया। शत्रु की तोपें थोड़ी ही देर में खामोश हो गईं और उनपर रानी की फौजों ने कब्जा कर लिया। लड़ाई में मुँहकी खाकर नत्थे खान अपने कुछ साथियों के साथ भाग खड़ा हुआ। पास के जंगल में रानी की फौज भगोड़ों का इंतजार कर रही थी। वहाँ पर उन्होंने भागती हुई फौज को और बुरी तरह से रौंद डाला।

अब लहरीबाई संधि के लिए बातचीत करने को तैयार हो गई।

लक्ष्मीबाई ने उससे उदारतापूर्वक व्यवहार किया। युद्ध के कारण मची तबाही की एवज में हरजाना लेकर रानी लक्ष्मीबाई संधि के लिए राजी हो गईं। उन्होंने ब्रिटिश पॉलिटिकल एजेंट को पत्र द्वारा सारे घटनाक्रम के बारे में सूचित किया; लेकिन पत्रवाहक को नत्थे खान और उसके आदमियों ने रास्ते में ही घेरकर मार डाला। एक औरत से हार जाने के बाद भी नत्थे खान की अकड़ कम नहीं हुई थी। रानी से बदला लेने के लिए वह खुद पॉलिटिकल एजेंट के समक्ष उपस्थित हुआ और चुगली खाई कि वह तो अंग्रेजों के हितों के लिए लड़ रहा था, जबकि लक्ष्मीबाई बागियों के साथ साँठ-गाँठ कर रही है। उसकी चुगलखोरी कामयाब रही और लक्ष्मीबाई के प्रति अंग्रेजों का रवैया पूर्वग्रहग्रसित होता गया।

नत्थे खान पर फतह से झाँसी के लोगों के हौसले बुलंद हो गए थे। अब उन्हें अपनी शक्ति और रानी की क्षमताओं पर भी पूरा भरोसा हो गया था। उन्हें विश्वास हो गया कि रानी लड़ाई में उनका कुशलतापूर्वक नेतृत्व कर सकेंगी। उनमें से अधिकतर को शुरू से ही रानी की क्षमताओं पर पूरा भरोसा था; लेकिन कुछ लोग ऐसे भी थे जो कम उम्र और अनुभवहीन रानी पर पूरा भरोसा नहीं कर पा रहे थे। नत्थे खान की पराजय ने रानी के आलोचकों के मुँह बंद कर दिए और लोगों की नजरों में उनका सम्मान काफी बढ़ गया। समय के साथ-साथ रानी की उदारता के किस्से मुहावरे बनकर जन-जन की जबान पर छा गए।

□

❋ दस ❋

अगस्त १८५७ में जब लहरीबाई के आक्रमण को विफल कर दिया गया, उसके बाद जनवरी १८५८ तक झाँसी में शांति कायम रही। अन्य जगहों पर बागी सैनिकों और ब्रिटिश फौजों के बीच लड़ाई जारी थी, जिसमें ब्रिटिश फौजें एक-एक करके बागियों को कुचलती जा रही थीं; लेकिन लक्ष्मीबाई के लिए झाँसी और भारत के प्रति कर्तव्य समान थे। इस कारण वे जितनी अच्छी तरह हो सकता था, झाँसी का शासन चला रही थीं और वहाँ के लोगों के लिए सुरक्षा और शांति का माहौल कायम किए हुए थीं।

लखनऊ में बगावत को कुचल दिया गया। ग्वालियर का राजा सिंधिया अंग्रेजों के खिलाफ लड़ने की हिम्मत ही नहीं जुटा सका। ऐसे में झाँसी की स्थिति एक धुरी के समान हो गई थी, जो रानी के शासन में थी। अंग्रेज रानी को बागियों में सबसे अच्छा मानते थे। उनका मानना था कि रानी एक सुलगते अंगारे के समान है जो कभी भी धधकती ज्वाला में बदल सकती थी। अन्य जगहों पर बगावत को सफलतापूर्वक कुचलनेवाले सर कॉलिन कैंपबेल का मानना था कि लक्ष्मीबाई की शक्ति को नष्ट करना जरूरी है। दिल्ली पर दोबारा कब्जा जमाने और लखनऊ का मसला सुलझाने के बाद अंग्रेजों का अगला लक्ष्य था झाँसी।

लक्ष्मीबाई को पूर्वानुमान था कि कभी भी अंग्रेजों का आक्रमण हो

सकता है। इसलिए वह पूरी तरह से तैयार थी; लेकिन फिर भी उन्होंने अंग्रेजों के साथ टकराव को टालने के लिए आखिरी प्रयास करने का निर्णय किया; किंतु उनके सलाहकार एकमत नहीं थे। उनके पिता समेत अनेक सलाहकार मानते थे कि इस तरह का कोई भी प्रयास बेकार जाएगा; परंतु फिर भी लक्ष्मीबाई ने अपनी राजनीतिक सूझबूझ और दूरदर्शिता का परिचय देते हुए निडरता के साथ अंग्रेजों के पास एक औपचारिक पत्र भेजा। इस पत्र में उन्होंने लिखा कि उनके अनेक पत्रवाहक रास्ते में गायब हो गए या उन्हें मंजिल पर पहुँचने से पहले ही लूट लिया गया। इसलिए उनके बीच संवादहीनता बनी रही। इसके साथ ही उन्होंने पत्र में राज्य की वर्तमान दशा की विस्तृत जानकारी भी भेजी। लेकिन उनका यह प्रयास विफल हो गया, क्योंकि ब्रिटिश सरकार ने उनके पत्र का जवाब देने की बजाय झाँसी में हुए विद्रोह और कत्लेआम के लिए उन्हें ही दोषी ठहराया। अब उनके पास लड़ाई छेड़ने के सिवाय कोई और विकल्प नहीं था।

अब रानी लक्ष्मीबाई झाँसी की सुरक्षा का पूरा प्रबंध करने में जुट गईं। अन्य बागियों की भाँति उन्हें शत्रु की शक्ति और चरित्र को लेकर कोई गफलत नहीं थी। उन्होंने हर तरह की आपातस्थिति से निबटने की पूरी तैयारियाँ कर रखी थीं। अचानक बमबारी से लगनेवाली आग से निबटने के लिए अग्निशमन दल का गठन किया। लंबे समय तक किले की घेराबंदी की स्थिति के लिए किले में भारी मात्रा में रसद, पानी और अन्य सामग्रियों का भंडारण किया गया। साथ ही गोला-बारूद और हथियारों के उत्पादन को बढ़ाने के भी उन्होंने आदेश दिए। अपने कारीगरों और तोपचियों के साथ रानी रोजाना शहर की चहारदीवारी और किले का निरीक्षण करती थीं।

पहले जब अंग्रेजों ने झाँसी को अपने शासन में मिलाया था तो उन्होंने किले की अधिकतर तोपें नष्ट कर दी थीं या बेकार कर दी थीं। अनेक तोपें अब किले की दीवारों पर पड़ी-पड़ी नष्ट हो रही थीं,

जबकि कुछेक को कूड़े के ढेर में फेंक दिया गया था। रानी ने खुदाबख्श से इन सभी तोपों को निकलकर देखने के लिए कहा कि उनमें से कोई काम की है या नहीं। जिन तोपों का कुछ नहीं हो सकता था उन्हें गलवाकर नई तोपें ढलवाई गईं। राइफल, पिस्तौल और तलवार बनाने के लिए दो कारखाने लगाए गए तथा दो गोला-बारूद बनाने के लिए।

जब यह निश्चित हो गया कि लड़ाई को टाला नहीं जा सकता है तो रानी ने झाँसी की फौज में नौजवानों की भरती शुरू की। उनके आह्वान पर चौदह हजार नौजवान फौज में भरती हो गए, जबकि शहर की आबादी मात्र बाईस हजार की थी। नए भरती हुए सब सैनिक स्वैच्छिक कार्यकर्ता के रूप में अपनी सेवाएँ देने को तैयार हो गए थे। फौज में एक हजार पाँच सौ ऐसे सैनिक भी थे जिन्हें ब्रिटिश फौज में प्रशिक्षित किया गया था। नए भरती सैनिकों को रोजाना कठोर प्रशिक्षण दिया जाता। रानी स्वयं उनके प्रशिक्षण की देख-रेख करती थीं। उन्होंने फौज में भरती महिलाओं के तोपची और सैनिकों के रूप में प्रशिक्षण पर विशेष ध्यान दिया। आखिरकार जब लड़ाई झाँसी शहर तक आ ही गई तो वहाँ की महिलाओं ने भी अद्‌भुत शौर्य का परिचय दिया। उन्होंने पुरुषों के साथ कंधे-से-कंधा मिलाकर लड़ाई लड़ी, रात में पहरे दिए, मोरचों और तोपों तक गोला-बारूद पहुँचाया, तोपचियों को सहारा दिया और घायलों की देखभाल की, जबकि शत्रु के भयानक हमले लगातार जारी रहे।

लड़ाई के दौरान रानी को शहर के नागरिकों के बीच कुछ असंतोष पनपता नजर आया। कुछ प्रभावशाली लोगों ने सुरक्षा के लिए अपने परिवारों को पड़ोसी राज्य ग्वालियर भेजना शुरू कर दिया था, क्योंकि वहाँ का महाराजा अंग्रेजों के प्रति स्वामीभक्ति दिखा चुका था, जिससे वहाँ का माहौल कुछ शांतिपूर्ण था। रानी ने शहर छोड़कर जानेवालों को रोका तो नहीं, लेकिन वे नहीं चाहती थीं कि शहर से भारी तादाद में लोगों का पलायन शुरू हो जाए।

इन सब बातों को देखते हुए रानी ने इस बार राज्य का वार्षिक उत्सव कुछ अधिक धूमधाम से मनाने का निश्चय किया। देवी महालक्ष्मी के सम्मान में राज्य का वार्षिक उत्सव मनाया जाता था। उन्हें आसन्न खतरे का आभास हो गया था और महसूस होने लगा था कि शायद वे आखिरी बार अपनी प्रजा से मिल रही हैं। राजकीय महल के दरबार हॉल में लोगों की भीड़ जुट आई थी। इससे झाँसी के लोगों के हौसले बुलंद थे। वहाँ एकत्र हुई औरतों ने अपने घर पहुँचकर आदमियों से बढ़ा-चढ़ाकर दरबार का वर्णन किया कि उनकी रानी कितनी उदार हैं और झाँसी की मर्यादा तथा स्वतंत्रता के लिए अपना सबकुछ दाँव पर लगाने को तैयार हैं।

झाँसी नगर के कोट के सब फाटकों पर बड़ी और छोटी तोपों का उचित प्रबंध कर दिया गया। बारूद और गोले फाटकों के बुर्जों में इकट्ठे कर दिए गए और निरंतर युद्ध सामग्री तथा रसद भेजने का प्रबंध कर दिया गया। फसीलों के छेदों में से बंदूकों की मार का काम जिन सिपाहियों को दिया गया, उनकी तथा उनके अफसरों की उत्कृष्ट व्यवस्था कर ली गई। सबसे बड़ी बात यह हुई कि एक स्थान से दूसरे स्थान को, सब स्थानों से रानी के पास तथा उनके पास से सब स्थानों, सब मोरचों को तुरंत समाचार व आज्ञाएँ भेजने का बहुत अच्छा बंदोबस्त कर लिया गया।

ऐसा विश्वास था कि रोज दक्षिण की ओर से आएगा, इसलिए सागर खिड़की, ओरछा फाटक और सैंयर फाटक का खास इंतजाम किया गया।

दीवान दूल्हाजू ओरछा फाटक पर, पीरअली सागर खिड़की पर, कुँवर खुदाबख्श सैंयर फाटक पर, कुँवर सागरसिंह खंडेराव फाटक पर और पूरन कोरी उन्नाव फाटक पर नियुक्त किए गए। दीवान जवाहरसिंह के हाथ में संपूर्ण नगर और नगर के फाटकों की रक्षा का भार सौंपा गया। किले में हर बुर्ज पर सब मिलाकर इक्यावन बड़ी-बड़ी तोपें तैनात

की गईं। दक्षिणी बुर्ज की तोपें गुलाम गौस खाँ के संचालन में, पूर्व और उत्तर की तोपें भाऊ बख्शी के हाथ में और पश्चिम की तोपें दीवान रघुनाथसिंह के अधिकार में दी गईं। किले में पठान, चुने हुए बुंदेलखंडी सैनिक और रानी की स्त्री सेना की नियुक्ति कर दी गई। सब सैनिक लगभग चार हजार होंगे। पानी का प्रबंध बहुत अच्छा न था, परंतु संतोषप्रद था, किले के पश्चिमी भाग में शंकरगढ़ में—जहाँ महादेवजी का मंदिर है—एक कुआँ था। उसी से सारी सेना को पानी पिलाने के लिए ब्राह्मण नियुक्त कर दिए गए।

इस तरह रानी झाँसी से लोगों के पलायन को रोकने में तथा झाँसी की कड़ी सुरक्षा-व्यवस्था करने में सफल रहीं। सचमुच रानी का व्यक्तित्व करिश्माई था।

□

❋ ग्यारह ❋

जनरल रोज ससैन्य २० मार्च के सवेरे झाँसी के पूर्व-दक्षिण में कामासिन देवी की टौरिया के पीछे, नगर से लगभग तीन मील के फासले पर आ गया। थोड़ी देर में तंबू तन गए। इन तंबुओं को रानी ने किले के महल की छत पर से दूरबीन द्वारा देखा। झाँसी भर में सनसनी फैल गई; परंतु यह सनसनी भय की न थी, उत्साह की थी।

किले के गोलंदाजों ने भी दूरबीन लगाई। तोपों पर पलीते डालने के लिए हाथ सुरसुरा उठे; परंतु उस समय की तोपों के लिए अच्छा निशाना मारने के प्रसंग में तीन मील का फासला बहुत था। स्त्री गोलंदाजों ने भी दूरबीन पकड़ी।

अंग्रेजों ने झाँसी के खिलाफ संघर्ष के लिए एक अलग सेना का गठन किया, जिसका मुख्यालय उपद्रवग्रस्त उत्तरी भारत में कहीं न होकर अपेक्षाकृत शांत और सुरक्षित बंबई में था। इस कमान का नेतृत्व मेजर जनरल ह्यू रोज कर रहा था। भारत में यह उसका पहला संघर्ष नेतृत्व था। एक विलक्षण कमांडर की भाँति ह्यू रोज ने खुले दिमाग से अपना कार्य शुरू किया। अपनी मुहिम में उसने भारतीय जलवायु का खास ध्यान रखा; क्योंकि वही उसकी राह में सबसे बड़ी रुकावटें खड़ी कर सकती थी।

अजीब बात थी कि अंग्रेजों ने इतने अनुभवी सेनापति को एक औरत के खिलाफ लड़ाई में उतारा, जो आधुनिक लड़ाई तकनीकों के

मामले में बिलकुल अनुभवहीन थी। झाँसी और अंग्रेजी फौजों के बीच सिर्फ यही एक असमानता नहीं थी। ह्यू रोज की सेना हालाँकि सैनिकों की संख्या के मामले में रानी की सेना के बराबर थी, लेकिन बेहतर उपकरणों, गोला-बारूद और आधुनिक हथियारों से लैस थी। इसमें ब्रिटिश और भारतीय सिपाहियों की दो ब्रिगेडें थीं। कुल मिलाकर ब्रिटिश फौज में अंग्रेज सैनिकों की दो पैदल सेना की बटालियनें, एक घुड़सवार रेजिमेंट, चार भारतीय सैनिकों की बटालियनें और चार घुड़सवार रेजिमेंट शामिल थीं। इन सबके अलावा अलग-अलग मारक क्षमतावाली अनेक तोपें थीं। एक तरह से झाँसी को जीतने के लिए इतनी सुसज्जित सेना भेजना रानी लक्ष्मीबाई की वीरता का सम्मान ही था।

जनरल ह्यू रोज ने अपना सैन्य अभियान बानपुर के राजा को पराजित करके शुरू किया, जो रानी लक्ष्मीबाई का समर्थक था। ३ फरवरी को ह्यू रोज ने सागर पर कब्जा कर लिया। उसके बाद उत्तर और पश्चिम दिशा पर आने-जानेवाली सड़कों पर भी उसका अधिकार हो गया। अब उसने पूर्व दिशा की ओर अभियान शुरू किया और गहरखोट के किले पर कब्जा जमा लिया, जो झाँसी पहुँचने के रास्ते में सबसे बड़ी रुकावट था। सागर में ह्यू रोज ने झाँसी की तरफ कूच करने की योजना को अंतिम रूप दिया। थोड़े समय में ही सारी तैयारियाँ हो गईं।

बाँदा के नवाब, सातगढ़ के राजा और कई बुंदेला सरदारों ने ह्यू रोज की सेना का रास्ता रोकने की कोशिश की। उन्होंने रास्ते में पड़नेवाले अनेक पहाड़ी दर्रों पर अपनी सेनाएँ तैनात कर दीं जो बुंदेलखंड को सागर से अलग करते थे; लेकिन इन सरदारों का प्रतिरोध बेहद कमजोर साबित हुआ। ब्रिटिश फौज सरदारों की सेनाओं को तिनके की तरह उड़ाती हुई आगे बढ़ती गई।

इस बीच रानी लक्ष्मीबाई ने अपने दो पुराने मित्रों तात्या टोपे और राव साहब से मदद की अपील की, जो झाँसी की सरहद से बहुत दूर नहीं थे। एक बड़ी फौज के साथ तात्या टोपे रानी की मदद के लिए चल

पड़ा; लेकिन दुर्भाग्य से उसके झाँसी पहुँचने से पहले ही ह्यू रोज की सेनाएँ २० मार्च को झाँसी पहुँच गईं और शहर की घेराबंदी कर दी। अगर तात्या टोपे समय पर झाँसी पहुँच जाता तो शायद वह अंग्रेजों की योजना को छिन्न-भिन्न कर सकता था।

ह्यू रोज मनोवैज्ञानिक लड़ाई का भी विशेषज्ञ था। झाँसी की घेराबंदी करने के साथ ही उसने वहाँ के नागरिकों के बीच मुनादी करवा दी कि वे झाँसी से दूर रहें, क्योंकि इसपर जल्दी ही कब्जा होनेवाला है। उसने लोगों को यह चेतावनी भी दी कि अगर झाँसी ने समर्पण नहीं किया तो बगावत के दौरान जिस तरह अंग्रेजों के साथ लूट-पाट हुआ उसी तरह का सलूक अब झाँसी के साथ भी किया जाएगा।

लक्ष्मीबाई को कोई भ्रम नहीं था कि जीवित पकड़े जाने पर उनके साथ कैसा सलूक किया जाएगा, इसलिए उन्होंने अपनी प्रजा को अपनी जान और घर-परिवार बचाने की छूट देने का फैसला किया। उन्होंने जनप्रतिनिधियों की एक सभा बुलाई और उनसे पूछा कि वे क्या चाहते हैं—अंग्रेजों के साथ लड़ाई या शांतिवार्त्ता? उनके मंत्रियों ने शांतिवार्त्ता के पक्ष में राय दी। हालाँकि हर कोई युद्ध के परिणामों से परिचित था, लेकिन ज्यादातर लोगों ने आत्मसमर्पण करने की बजाय संघर्ष का पक्ष लिया। रानी ने स्वयं को लोगों के फैसले पर छोड़ दिया कि जनप्रतिनिधि जो फैसला लेंगे वह उन्हें मंजूर होगा।

सिपाहियों के प्रतिनिधियों ने लड़ाई के पक्ष में राय दी। उन्हें बुंदेला सरदारों का भी समर्थन प्राप्त था। नागरिकों के प्रतिनिधियों ने भी झाँसी का स्वतंत्र अस्तित्व बनाए रखने का पक्ष लिया। इस प्रकार सैनिकों के उत्साह और दृढ़निश्चय की जीत के साथ सभा का विसर्जन हुआ। रानी ने इतना निडर और महान् फैसला लेने के लिए लोगों को धन्यवाद दिया। सौभाग्य से नाना भोपटकर जैसे निष्ठावान् सरदार रानी के साथ थे, हालाँकि उन्होंने शत्रु के साथ समझौता करने की राय दी थी; लेकिन युद्ध के पक्ष में फैसला हो जाने के बाद भी अपनी निष्ठा बनाए रखी।

अब लड़ाई की तैयारियाँ जोरों से होने लगीं। किले की दीवारों पर और तोपें तैनात की गईं, पुरानी तोपों को दुरुस्त किया गया, गोला-बारूद बनानेवाले कामगारों को प्रोत्साहित किया गया, सैनिकों की परेड निकाली गई, हथियारों के जखीरों की जाँच-पड़ताल की गई, सेनापतियों की सभाएँ बुलाई गईं और शत्रु की हर गतिविधि पर विचार-विमर्श किया गया। इस प्रकार असाधारण और अथक प्रयासों के साथ एक युवा और अनुभवहीन महिला झाँसी को ऐसे शत्रु से बचाने के लिए चल पड़ी जो हर दृष्टि से भारी पड़ता था। शहर के चारों ओर रानी ने उन सभी चीजों को ध्वस्त करवा दिया जिनके पीछे शत्रु छिप सकते थे। पेड़ कटवा दिए गए, जिससे शत्रु सेना क्षण भर के लिए भी छाया में खड़ी न हो सके और सूरज डूबने तक कड़ी धूप में तपती रहे।

झाँसी का किला एक ऊँचे टीले पर बना हुआ है और सामने ही लंबा-चौड़ा मैदान है। काले पत्थरों से बना यह किला बहुत शानदार लगता है। किले की ऊँची मीनारों पर तैनात तोपें चारों ओर दूर-दूर तक मार कर सकती थीं। किले के चारों ओर, सिर्फ पश्चिमी और दक्षिणी दिशा में कुछ हिस्से को छोड़कर, शहर की दीवार थी। साढ़े चार मील के दायरे में झाँसी शहर एक भारी दीवार से घिरा हुआ था, जो छह से बारह फीट मोटी और अठारह से तीस फीट ऊँची थी। दीवार से बाहर पूरब की तरफ रानी का महल और एक शानदार झील थी। दक्षिण की तरफ कुछ मंदिर और बाग-बगीचे थे।

जब ह्यू रोज अपनी तैयारियों से संतुष्ट हो गया तो उसने झाँसी की घेराबंदी शुरू कर दी। २५ मार्च को शहर पर गोलाबारी शुरू हो गई। जनरल का मुख्य निशाना था मेमलन, जिसमें उसने सुरक्षा-व्यवस्था में कुछ कमजोरियाँ खोज निकाली थीं। हालाँकि रानी के आदमियों ने इसे मजबूत बनाने का भरपूर प्रयास किया था। खामियों का पता चलते ही जनरल ने इस स्थान पर भारी गोलाबारी करवाई; लेकिन मेमलन को ध्वस्त करना काफी कठिन साबित हुआ।

पाँच दिनों तक ब्रिटिश तोपें लगातार गोलाबारी करती रहीं, लेकिन मेमलन का कुछ भी नहीं बिगड़ा। आखिरी दिन मेमलन की मुँड़ेर और बुरजी को मामूली सा नुकसान पहुँचा और रानी की तोपें थोड़ी देर के लिए खामोश हो गईं; लेकिन तभी झाँसी की बहादुर महिलाओं ने आगे बढ़कर इसकी मरम्मत कर दी और रात भर में ही मेमलन एक बार फिर अंग्रेजी फौज को चुनौती देने के लिए तैयार था। ३० मार्च को शहर की चहारदीवारी में मामूली दरार पड़ गई, लेकिन सैनिकों ने तुरंत इसे भर दिया।

३१ मार्च को पेशवा की विशाल सेना तात्या टोपे के नेतृत्व में झाँसी की ओर आती दिखाई दी। सैनिकों ने तुरंत रानी को तात्या टोपे के आगमन के बारे में सूचित किया। रानी खुद महल की छत पर चढ़कर तात्या की फौज का अवलोकन करने लगीं। तात्या की फौज को देख उन्हें काफी राहत महसूस हुई।

सूर्यास्त के समय झाँसी के लोगों ने बड़ा भारी अलाव जलता हुआ देखा, जो बेतवा नदी के तट पर एक पहाड़ी पर तात्या टोपे ने जलाया था। अलाव के माध्यम से उन्होंने अपने आगमन का संकेत दिया था। जवाब में झाँसी की तोपों से गोले दागे गए। अब रानी को अपनी विजय में कोई संदेह नहीं था।

तात्या टोपे को भी विजय प्राप्त करने का पूरा विश्वास था। उसकी फौज ह्यू रोज की फौज से कहीं अधिक बड़ी थी और इसमें दुर्जेय ग्वालियर कंटेंजेंट के सैनिक भी थे, जिन्होंने कानपुर के निकट ब्रिटिश फौज को बुरी तरह से हराया था और चरखरी के राजा को भी मात दी थी।

जिस तरह से लक्ष्मीबाई तात्या टोपे की फौज के आने का इंतजार कर रही थीं उसी तरह से ह्यू रोज को भी तात्या की फौज के आने का पूर्वानुमान था। उसी पूर्वानुमान के अनुसार उसने बड़ी सावधानी से अपनी रणनीति तैयार की थी। उसकी रणनीति इतनी कुशल थी कि

छोटी सी ब्रिटिश फौज ने अपने से कहीं बड़ी तात्या टोपे की फौज को बड़ी आसानी से रौंद डाला। तात्या की फौज के बहुत सारे सैनिक मारे गए। उसके अलावा भारी मात्रा में रसद, तोपखाना, तंबू, कनात और अन्य युद्ध सामग्री का नुकसान हुआ। तात्या टोपे और बचे-खुचे सैनिक जान बचाकर काल्पी भाग गए। तात्या टोपे की हार को सन् १८५७ की सबसे अधिक कलंकित घटना कहा जा सकता है। इस हार के लिए तात्या टोपे की त्रुटिपूर्ण रणनीति, अपरिपक्व रणकौशल, अकुशल नेतृत्व और अति आत्मविश्वास को दोषी ठहराया जा सकता है।

तात्या टोपे द्वारा रणभूमि छोड़कर भाग जाने से झाँसी की जनता के हौसले पस्त हो गए। रानी भी असहाय हो तात्या टोपे के सैनिकों को लड़ाई में ब्रिटिश फौज से पिटते और रणभूमि छोड़कर भागते देखती रहीं। यह सारा नजारा उनके लिए बहुत निराशाजनक था। लोगों का उत्साह ठंडा पड़ गया और उनके द्वारा लगाए जा रहे जयघोष शांत पड़ गए।

□

❋ बारह ❋

रानी लक्ष्मीबाई की मानवता पर प्रश्नचिह्न लग जाता यदि वे अपने सहयोगी की पराजय को निरपेक्ष भाव से देखती रहतीं; लेकिन वे आसानी से हार माननेवाली नहीं थीं। पराजय के खतरे ने उन्हें और अधिक उत्साह के साथ युद्ध में उतरने के लिए प्रेरित किया। उन्होंने एक शिरस्त्राण धारण किया, म्यान से तलवार निकाली और अपने अधिकारियों को इकट्ठा किया। उनके जोशीले शब्दों से अफसरों के पस्त हौसले एक बार फिर बुलंद हो गए और उन्होंने दोबारा अपने अंदर आत्मविश्वास महसूस किया। वहाँ उपस्थित सभी सरदारों ने आखिरी साँस तक लड़ने की प्रतिज्ञा की। रानी ने अपने बहादुर अधिकारियों और सैनिकों का सोने, चाँदी, नकदी एवं वस्त्र आदि से सम्मान किया और एक नए उत्साह एवं सकल्प के साथ उन्हें उनके मोरचे पर भेजा।

मुख्य तोपची ने तोपखानों को दोबारा से दुरुस्त किया और शत्रु सेना पर घातक गोलाबारी शुरू कर दी। खुदाबख्श, जो अब पैदल सेना का इंचार्ज था, ने अपने सैनिकों को किले की दीवार के साथ-साथ फैला दिया और बुर्जों तथा दीवार में बने छिद्रों से दुश्मन पर लगातार गोलाबारी के आदेश दिए। एक सफेद घोड़े पर सवार होकर लक्ष्मीबाई किले की सुरक्षा-व्यवस्था का निरीक्षण करने लगीं। दिन का कोई भी पहर हो, उन्हें अपने सैनिकों को निर्देश देते, उनकी जरूरतों को पूरा

करते, घायलों की मरहम-पट्टी करते और भूखे सैनिकों को भोजन कराते देखा जा सकता था।

लेकिन परिस्थितियाँ लगातार रानी लक्ष्मीबाई के प्रतिकूल होती जा रही थीं। ब्रिटिश फौजों का गोला-बारूद खत्म होता जा रहा था, लेकिन तात्या टोपे की फौज के भाग जाने से उन्हें भारी मात्रा में गोला-बारूद मिल गया। इस विजय से उत्साहित होकर ह्यू रोज ने ३ अप्रैल की सुबह शहर पर भारी गोलाबारी करने के आदेश दिए। उसी समय एक देशद्रोही बुंदेला सरदार दुलाजी ठाकुर ने ब्रिटिश फौज को शहर की सुरक्षा के सबसे कमजोर स्थान दिखा दिए और वह जगह भी दिखा दी जहाँ से झाँसी के किले की दीवार पर आसानी से चढ़ा जा सकता था। इस सेवा के बदले दुलाजी को अंग्रेजों से दो गाँव इनाम में मिले थे।

अब तक रानी लक्ष्मीबाई भी सारी स्थिति भाँप चुकी थीं। आधी रात के समय गुप्तचरों ने उन्हें खबर दी कि किले की दक्षिणी दीवार पर झाँसी की तोपें खामोश हो गई हैं और उस दिशा से शत्रु शहर में घुस आए हैं। गोलाबारी की परवाह न करते हुए रानी लक्ष्मीबाई दूरबीन लेकर महल की छत की ओर दौड़ीं। उन्होंने देखा कि सैकड़ों आदमी अपने सिर पर बड़े-बड़े घास के गट्ठर लिये किले की दीवार की ओर बढ़ रहे हैं और उनके पीछे-पीछे ब्रिटिश सैनिक भी आ रहे हैं। वे आदमी गट्ठर दीवार के साथ लगाकर जमीन पर रख रहे हैं, जिससे कि गट्ठरों की सीढ़ी बनती जाए और जिसपर चढ़कर ब्रिटिश सैनिक किले की दीवार पर चढ़ जाएँ। रानी ने यह भी देखा कि उस दिशा में तैनात उनके कुछ सैनिक भाग गए हैं, और कुछ अभी भी डटकर शत्रुओं का मुकाबला कर रहे हैं; लेकिन रक्षकों की संख्या काफी कम हो गई है और शत्रु सैनिक उनपर तलवारों से प्राणघातक प्रहार कर रहे हैं। दस मिनट में ही सैकड़ों ब्रिटिश सैनिक कूद-कूदकर दीवार पर चढ़ आए।

युद्ध में पहली बार रानी के चेहरे पर घबराहट दिखी। उनका चेहरा

पीला पड़ गया और मुख से शब्द नहीं निकले; लेकिन जल्दी ही वे सचेत हो गईं। अपने पंद्रह सौ नियमित अरबी और अफगानी सैनिकों को लेकर रानी दक्षिणी दीवार की ओर लपकीं और ब्रिटिश फौज पर धावा बोल दिया। थोड़ी देर में वहाँ पर घमासान लड़ाई छिड़ गई। तलवार से तलवार टकराने लगी और क्षत-विक्षत सैनिकों के शव धूल में लोटने लगे। रानी का प्रचंड रूप देखने लायक था। अनगिनत शत्रु सैनिकों को उन्होंने खुद मौत के घाट उतार दिया। जवाबी हमला इतना भयानक और अप्रत्याशित था कि ब्रिटिश फौज भाग खड़ी हुई और सैनिक मकानों के पीछे छिपकर अंधाधुंध गोली चलाने लगे। ऐसा प्रतीत होता था जैसे हवा में मौत तैर रही हो और कुछ ही समय में सड़क के दोनों ओर के मकानों में भीषण आग लग गई।

अब रानी लक्ष्मीबाई ने वापस किले पर लौटना ज्यादा ठीक समझा। उन्होंने हमलावरों पर नियंत्रण तो कर लिया था, लेकिन उन्हें खदेड़ नहीं पाई थीं। शत्रु सैनिक सीधी लड़ाई से बचकर मकानों के पीछे सुरक्षित दूरी से गोलीबारी कर रहे थे। लक्ष्मीबाई मैदान छोड़कर जाना नहीं चाहती थीं। वे उन्हें बाहर निकालकर मारना चाहती थीं। एक अनुभवी सरदार ने खतरे को भाँपकर रानी को किले में वापस लौटने की सलाह दी। रानी के लिए सरदार की सलाह मानना कठिन था; लेकिन फिर भी भारी मन से उन्होंने अपने सैनिकों को बुलाया और किले की ओर वापस चल पड़ीं। इस घटना से लक्ष्मीबाई के दुःसाहसी चरित्र का पता चलता है, जो उस समय के अन्य भारतीय नेताओं में भी दुर्लभ था। यह रानी का दुर्भाग्य था कि उन्हें ऐसे दुर्बल चरित्रवाले नेताओं के साथ भारत की स्वतंत्रता की पहली लड़ाई लड़नी पड़ी।

महल में आकर लक्ष्मीबाई अपने बिस्तर पर गिर पड़ीं और फूट-फूटकर रोने लगीं। उन्हें अपने भविष्य की चिंता नहीं थी, लेकिन झाँसी में जो कुछ हो रहा था वह उनके लिए पीड़ादायक था। झाँसी का सबसे संपन्न इलाका हलवाईपुरा में अंग्रेजों ने घरों को आग लगा दी थी और

सैकड़ों स्त्री-पुरुष आग की लपटों में घिर गए थे। उनकी हृदय-विदारक चीख-पुकार किले तक सुनाई दे रही थी। हजारों गाय, बैल, कुत्ते, ऊँट आदि जानवर सड़कों पर इधर-उधर भाग रहे थे।

लोगों की तकलीफों को रानी और अधिक बरदाश्त नहीं कर पा रही थीं। इसलिए उन्होंने खुद को बारूद से उड़ा देने का निश्चय किया। उन्होंने अपना यह फैसला अपने सैनिकों को भी बता दिया और उनसे कहा कि जो भी उनके साथ जान देना चाहे, महल में रह सकता है और दूसरे लोग चाहें तो शहर में जाकर कोई सुरक्षित रास्ता तलाश सकते हैं। एक बार फिर वही बुजुर्ग सरदार सहायता के लिए आगे आए जो पहले रानी को समझा-बुझाकर किले में वापस ले आए थे। उन्होंने रानी को समझाया कि आत्महत्या करना पाप होगा। उन्होंने ही रानी को एक बार फिर लड़ाई छेड़ने के लिए प्रोत्साहित किया। वे इतने मर्यादित और अधिकारपूर्ण ढंग से बोले कि रानी ने भारी राहत महसूस की कि कोई तो है जो संकट के समय विवेकपूर्ण सलाह से उनका मार्गदर्शन कर रहा है। कृतज्ञता प्रकट करने के लिए रानी ने उस बुजुर्ग सरदार के पैर छूए, जैसे कोई स्त्री अपने घर के बुजुर्ग के पैर छू रही हो।

अब तक झाँसी की रक्षापंक्ति छिन्न-भिन्न हो चुकी थी। झाँसी के सैनिक छिट-पुट रूप से अंग्रेजों के खिलाफ संघर्ष कर रहे थे, लेकिन ब्रिटिश फौज एक के बाद एक किले और गढ़ों को ढहाती महल की ओर तूफान की तरह बढ़ रही थी। झाँसी की सड़कों पर लगातार दो दिनों तक घमासान लड़ाई जारी रही। दूसरे दिन ब्रिटिश फौजों ने गोला-बारूद के कारखाने पर धावा बोलकर उसे उड़ा दिया।

अब झाँसी के नागरिक अपने-अपने घरों की रक्षा करने में जुट गए। ब्रिटिश फौज ने शहर में कत्लेआम मचा दिया था। इससे बचने के लिए लोगों ने अपने औरत-बच्चों को कुओं में धकेल दिया और खुद भी उसमें कूद गए; लेकिन रोज के सैनिकों ने उन्हें कुओं से बाहर खींच लिया और औरत-बच्चों को अलग कर आदमियों को मौत के घाट

उतार दिया। परंतु फिर भी झाँसी के नागरिक आखिरी साँस तक शेर की तरह अंग्रेजों से लड़ते रहे।

शहर के पश्चिमी छोर से करीब चार सौ सैनिक बचकर निकल गए। उन्होंने नजदीक की पहाड़ी पर शरण ली; लेकिन ब्रिटिश फौज ने जल्द ही पहाड़ी को घेर लिया और उन्हें मार गिराया। उनमें से मात्र बीस सैनिक बचकर और ऊँचाई पर पहुँच गए तथा वहाँ से उन्होंने लड़ाई जारी रखी। आखिरकार उन्होंने भी अपने आपको बारूद से उड़ा दिया; लेकिन मरने से पहले उन्होंने ब्रिटिश फौज को काफी नुकसान पहुँचाया। महल के पश्चिमी छोर पर, महल के नए पट्टे नामक स्थान में करीब एक हजार पाँच सौ सैनिक इकट्ठे हो गए। वहाँ से उन्होंने ब्रिटिश फौज का प्रबल प्रतिरोध किया। एक-एक इंच जमीन के लिए उन्होंने भयंकर लड़ाई लड़ी। आखिर में ब्रिटिश घुड़सवार फौज ने उन्हें भी कुचल डाला। बचे-खुचे सैनिक किले में पहुँचकर रक्षापंक्ति में शामिल हो गए।

रानी के वफादार साथियों ने आखिरी दम तक महल की रक्षा की और शत्रु सेना को भारी नुकसान पहुँचाया। राजकीय घुड़साल (अस्तबल) में रानी के चालीस निजी अंगरक्षक अंग्रेजों से लोहा ले रहे थे। आखिर में वे सबके सब शहीद हो गए।

४ अप्रैल को जब हमलावर ब्रिटिश फौज महल में घुस आई तब रानी महल से काफी दूर जा चुकी थीं। अपने घर-परिवार के लोगों को पिछली शाम ही अलविदा कर दिया था। महल छोड़ने से पूर्व रानी ने सभी को इकट्ठा किया और उन्हें उदारतापूर्वक उपहार आदि दिए। उनमें से अनेक रानी का साथ छोड़ना नहीं चाहते थे। उन्होंने रानी से साथ ले चलने की प्रार्थना की; लेकिन लक्ष्मीबाई ने उनकी प्रार्थना को अनसुना कर दिया और उन्हें शहर वापस भेज दिया।

रात के समय रानी ने जिरह-बख्तर धारण किया; कमरबंद में एक कटार एवं दो भरी हुई पिस्तौलें खोंसी और एक सफेद घोड़े पर सवार होकर रात के अँधेरे में महल छोड़ दिया। कुछ चुनिंदा सैनिक और

यह टोली टकसाल के पश्चिमवाले मार्ग से भांडेरी फाटक की ओर अग्रसर हुई। जैसे ही कोतवाली की बराबरी पर आई, अंग्रेजी सेना से भिड़ंत हो गई। रानी 'हर-हर महादेव' उच्चारण करती हुई उनको चीरती-फाड़ती मुंदर सहित निकल गईं। पठान शत्रुओं से बेतरह लड़े। बहुत से मारे गए, बाकी आगे बढ़े।

जगह-जगह जलते हुए मकानों से उजाला हो रहा था। रानी और उनके साथी द्रुतगति से भांडेरी फाटक के निकट पहुँच गए। वहाँ बख्शी कोरियों के साथ अंग्रेजी फौज की एक टुकड़ी को तलवार के युद्ध में उलझाए हुए था। इधर से रानी की टुकड़ी पहुँची। जलते हुए मकानों के प्रकाश में थोड़ी देर के लिए विकट युद्ध हुआ। बख्शी ने फाटक खोल दिया और फिर अपने कोरी सैनिकों को लेकर अंग्रेज टुकड़ी पर टूट पड़ा। जान पड़ता था कि उसको जीवन का मोह नहीं। वैसे ही निर्मोही पठान थे। बख्शी फाटक की बगल में मारा गया। उसने मरने के पहले रानी को देख लिया था। मरने के पहले उसने 'हर-हर महादेव' और 'झाँसी की रानी की जय' का घोष किया था। उसके शरीरपात को रानी ने देखा, परंतु इतना समय भी न था कि मुँह से 'धन्य' भी कह पातीं।

थोड़े से लोगों के साथ रानी बाहर हो गईं। मरने से बचे हुए अंग्रेज सैनिक भाग गए। कोरियों ने भांडेरी फाटक फिर बंद कर लिया और भाऊ बख्शी को एक जलते हुए मकान के अंगारों में डालकर उसकी अंत्येष्टि कर दी।

रानी और उनके साथियों को कोट के बाहर की भूमि के चप्पे-चप्पे का पता था। अँधेरे में वह सहज ही बढ़ती चली गईं। बातचीत बिलकुल धीरे-धीरे होती थी। अंजनी की टौरिया के पास ओरछा की सेना का पहरा था और एक अंग्रेज छावनी का। यहाँ रोक-टोक हुई। लड़ाई भी हुई। यहाँ से रानी के साथ केवल दस-बारह सवार गए और मुंदर भी।

आगे निर्गम मार्ग। अगाध अँधेरा। झींगुर झंकार रहे थे। उनके ऊपर

घोड़ों की टापों की आवाज हो रही थी। सब ओर सन्नाटा छाया हुआ था। पीछे झाँसी में आग जल रही थी और आवाजें आ रही थीं। आगे अंधकार में जंगल और गढ़मऊ का पहाड़ लिपटे हुए, दबे हुए से दिखाई पड़ रहे थे। चिड़ियाँ पेड़ों पर से भड़भड़ाकर उठतीं और घोड़ों को चौंका देतीं। घोड़े तेज चलाए जाने के कारण ठोकर ले-ले पड़ते थे। आगे का मार्ग अंधकारपूर्ण और भविष्य तिमिराच्छन्न था। ज्यों-त्यों करके आरी नामक ग्राम के पास से यह टोली आगे बढ़ गई। पहूज नदी मिली। लोगों ने चुल्लुओं से पानी पिया और फिर आगे बढ़े। कभी धीमी गति से, कभी तेजी के साथ। जब दस-बारह मील निकल आए तब ये लोग कुछ क्षण के लिए ठहरे।

रानी ने जवाहरसिंह और रघुनाथसिंह से कहा, अब आप लोग लौट जाओ और सेना एकत्र करके मुझे काल्पी में आकर मिलो।

रघुनाथसिंह ने तुरंत कहा, यह कार्य दीवान जवाहरसिंह अच्छा कर सकते हैं। मैं तो आपके साथ ही चलूँगा।'

रानी मान गईं। जवाहरसिंह ने उनके पैर छुए और कटीली की ओर चला गया। रानी की टोली आगे बढ़ी। इसमें गुलमुहम्मद और उसके कुछ पठान भी थे।

जनरल रोज को रानी के निकल जाने का पता बहुत शीघ्र लग गया। उसने लेफ्टिनेंट बोकर नामक अफसर को कुछ गोरों और निजाम हैदराबाद के एक दस्ते के साथ रानी का पीछा करने के लिए भेजा।

मोरोपंत भांडेरी फाटक से निकलकर अंजनी टौरिया तक आया, परंतु जैसे ही यहाँ लड़ाई छिड़ी, उसने समझ लिया कि हाथी महान् संकट का कारण होगा। उसने दतिया की दिशा में हाथी को मोड़ दिया और जितनी तेजी संभव थी, उतनी तेजी के साथ भागा। कुछ अंग्रेज सवारों ने पीछा किया। उसकी जाँघ में किसी घुड़सवार की तलवार का घाव भी लगा, परंतु वह निकल गया और सवेरे दतिया में पहुँच गया। एक तंबोली के यहाँ ठहरा। परंतु वह छिपाए छिप नहीं सकता था।

राज्याधिकारियों को मालूम हो गया। राज्य ने हीरे-जवाहरात सब जब्त कर लिये और मोरोपंत को पकड़कर तुरंत झाँसी भेज दिया।

रोज ने दिन के दो बजे जलते हुए महल और भस्मीभूत पुस्तकालय के बीचोबीच मोरोपंत को फाँसी दे दी।

काफी दूर जाने के बाद जब रानी ने महसूस किया कि वे शत्रु की पहुँच से बाहर निकल आई हैं तो वे एक छोटे से गाँव में भोजन के लिए रुकीं। अभी वे भोजन पूरा कर ही रही थीं कि लेफ्टिनेंट वॉकर के नेतृत्व में ब्रिटिश फौज वहाँ आ धमकी। उन्होंने रानी पर हमला कर दिया; लेकिन तलवार के एक ही वार में रानी ने वॉकर को बुरी तरह घायल कर दिया। वह घोड़े से गिरकर धूल में लोटने लगा। अगर उसके घुड़सवार साथी मदद के लिए न आते तो रानी ने उसके टुकड़े-टुकड़े कर दिए होते। जब वॉकर के साथी उसकी मरहम-पट्टी कर रहे थे तो उतने समय में रानी अपने सहायकों के साथ बचकर निकल गईं। आधी रात होने से पहले ही रानी काल्पी में पेशवा राव साहब के मुख्यालय में पहुँच गईं। पथरीली और ऊबड़-खाबड़ जमीन पर, घोड़े की पीठ पर सवार होकर मात्र चौबीस घंटों के भीतर एक सौ दो मील की दूरी तय करना, और वह भी रास्ते भर घमासान लड़ाई में उलझते हुए, सचमुच किसी महिला के लिए असाधारण बात थी।

□

ॐ तेरह ॐ

४ अप्रैल की शाम तक झाँसी की लड़ाई खत्म हो गई थी, लेकिन लोगों की तकलीफें अभी कम नहीं हुई थीं। चार-पाँच दिनों की लड़ाई में पाँच हजार से अधिक लोगों की जानें गई थीं। किसी भी संभावित अपमान से बचाने के लिए ज्यादातर सिपाहियों और नागरिकों ने अपने बच्चों और घर की औरतों को अपने हाथों से मौत के घाट उतार दिया था। आखिर भारतीय जनमानस मरने के बाद भी अपनी माँ-बहनों की बेइज्जती बरदाश्त नहीं कर सकता।

लड़ाई के बाद झाँसी में लूटपाट और आतंक का घिनौना दौर शुरू हुआ। जीत के नशे में चूर अंग्रेज अफसरों ने खुद अपने सैनिकों को लूटपाट के लिए उकसाया। लोगों को निर्ममता से मारा-काटा गया। दिन भर तोपों के गरजने की आवाजें गूँजतीं। लोगों के सब मकान धराशायी हो गए। भयभीत नागरिक दिन भर छिपे रहते और सूरज डूबने के बाद ही अपने छिपने के ठिकानों से निकलने की हिम्मत जुटा पाते थे। अंग्रेज सैनिकों ने सिर्फ सड़क पर पकड़े गए लोगों को मारा, बल्कि घरों में घुस-घुसकर गोदामों, कूड़ेदानों और अँधेरे कोनों में छिपे निरीह, निर्दोष लोगों को बाहर खींच-खींचकर मारा। कत्लेआम के साथ-साथ ब्रिटिश सैनिकों ने शहर में व्यापक लूटपाट भी मचाई। विजयी पक्ष का होने के नाते उन्हें निर्देश दिए गए थे कि छोटी-मोटी चीजों को न छूकर सिर्फ

बेशकीमती रत्नों, सोने-चाँदी, गहनों और नकदी धनराशि ही लूटें। झाँसी भारत के सबसे समृद्ध शहरों में से एक था। कहते हैं कि ब्रिटिश फौजों ने लाखों पाउंड के बराबर धन-संपत्ति झाँसी से लूटी थी। सैनिकों ने नागरिकों के घरों को लूटा, सर्वत्र तबाही मचाई। यहाँ तक कि माता महालक्ष्मी की मूर्ति के बेशकीमती जेवर भी लूट लिये। राजमहल के महँगे फर्नीचर और कलाकृतियों को तोड़ा-फोड़ा और राज्य के पुस्तकालय को आग लगा दी।

मार-काट और लूटपाट का दौर समाप्त होने पर हजारों जमादारों को शहर की सड़कें साफ करने के लिए लगाया गया। सारा शहर श्मशान घाट जैसा लगता था। जलते शवों की सड़ाँध और सड़क पर पड़े जानवरों के सड़ते शवों की बदबू के मारे साँस लेना भी दूभर था।

सैनिक-बगावत फूट पड़ने के समय लक्ष्मीबाई के बचपन के मित्र राव साहब ने पेशवा की पदवी हासिल की थी और इस समय काल्पी में उन्हीं की सेनाएँ डेरा डाले बैठी थीं। राव साहब को अच्छी तरह से पता था कि लक्ष्मीबाई के साधारण से डीलडौल में गजब का दमखम छिपा है; लेकिन आधी रात के वक्त पीठ पर एक बालक को बाँधे हुए जिरह-बख्तर पहने रानी लक्ष्मीबाई जब घोड़ा दौड़ाती हुई उनके खेमे में दाखिल हुईं तो राव साहब के आश्चर्य का ठिकाना न रहा। उस समय रानी को तेज बुखार भी था।

अगली सुबह उनकी मुलाकात हुई। मुलाकात के समय पेशवा बेहद लज्जित महसूस कर रहे थे, क्योंकि उनकी सेना की गलती की वजह से ही रानी लक्ष्मीबाई अपना राजपाट खोकर एक फरार अपराधी की भाँति इधर-उधर भटक रही थीं। रानी भी अपनी भावनाओं को नहीं रोक पा रही थीं। शुरुआती औपचारिकताओं के बाद रानी ने म्यान से अपनी तलवार निकाली और उसे पेशवा के सामने रखते हुए कहा कि वे और अधिक तलवार के साथ जुड़ी प्रतिष्ठा को थामे रखने में सक्षम नहीं है, क्योंकि वे अपने राज्य की रक्षा करने में असफल रही हैं।

लेकिन पेशवा का मानना था कि लक्ष्मीबाई ने शक्तिशाली ब्रिटिश फौजों से झाँसी की रक्षा सबसे अच्छी तरह से की है। उन्होंने रानी से तलवार उठाने का आग्रह किया और स्वतंत्रता संग्राम में उनसे मदद माँगी। पेशवा के शब्द रानी के दिल को छू गए। उन्होंने तलवार वापस लेते हुए उसे अपना पूरा सहयोग देने का वचन दिया। उन्होंने कहा कि मराठा आदर्शों की सेवा करते हुए रणभूमि में जान देने से अधिक कोई अन्य चीज उन्हें खुशी नहीं दे सकती है। उन्होंने पेशवा से कुछ सैनिक उपलब्ध कराने का आग्रह किया, ताकि वे शत्रु से लड़ाई कर सकें।

अब रानी के पास उनकी कोई सेना नहीं थी, सिर्फ कुछ वफादार अफगान सैनिक और कुछ घुड़सवार सैनिक उनके साथ थे, जो काल्पी तक उनके साथ आए थे। राव साहब की सेना में ग्वालियर राज्य की सेना की कुछ बटालियनें, नियमित सैनिकों की कुछ बटालियनें, जो पहले ब्रिटिश फौज में थीं और कुछ अन्य बागी राजाओं के सैनिक शामिल थे। रानी के सम्मान में राव साहब ने सैनिकों की विशेष परेड निकलवाई।

अपनी तीक्ष्ण दृष्टि से रानी ने भाँप लिया कि पेशवा की भारी-भरकम फौज देखने में भले ही प्रभावशाली लग रही हो; लेकिन इसमें करीब आधे सैनिक ऐसे हैं जिन्हें शत्रु से लड़ने से अधिक दिलचस्पी लूटपाट में है। उन्होंने पेशवा का ध्यान इस ओर आकर्षित किया और उन्हें सुझाव दिया कि वे ऐसे सैनिकों को निकाल दें, जिनसे शत्रु से लड़ाई होने पर मदद की अपेक्षा मुसीबत बनने की संभावना ज्यादा हो। उन्होंने सेना में अनुशासन और व्यवस्था के अभाव की ओर भी पेशवा का ध्यान दिलाया और सुझाव दिया कि सेना को रोजाना कठोर अभ्यास करवाया जाए। निस्संदेह सेना में योग्य और समर्पित सैनिकों की भी कमी नहीं थी। लेकिन राव साहब और तात्या टोपे में से किसी ने भी उन्हें ढंग से प्रशिक्षित करने के बारे में सोचा भी नहीं था।

पेशवा ने रानी के सुझाव मान लिये और टोपे से उन्हें तुरंत अमल

में लाने को कहा; लेकिन टोपे सैनिकों को कठोर प्रशिक्षण देने का इच्छुक नहीं था और न ही उसे अनुशासन के महत्त्व का अहसास था। टोपे अपने सैनिकों के बीच लोकप्रिय अवश्य था।

परंतु लक्ष्मीबाई अपने सुझावों पर अडिग रहीं। उनके अथक प्रयासों और झाँसी के सैनिकों की उपस्थिति का अन्य सेनापतियों पर भी अच्छा असर पड़ रहा था। वे झाँसी के सैनिकों और घुड़सवारों को हमेशा युद्ध के लिए तैयार देखते थे। झाँसी के सैनिक संख्या में कम जरूर थे, लेकिन वे हमेशा सुसज्जित रहते और नित्य प्रातः सैन्य अभ्यास किया करते।

रानी लड़ाई जारी रखने के लिए कोई सर्वसम्मत रणनीति अपनाने के लिए भी दबाव डाल रही थीं; लेकिन जल्द ही एक निराशाजनक सच्चाई से उनका वास्ता पड़ा। राव साहब कुछ अभिमानी किस्म के थे। उन्हें सेना का सर्वोच्च सेनापति होने का गर्व था। तात्या टोपे को गलतफहमी थी कि वे युद्ध विज्ञान में सबकुछ जानते हैं, और बाँदा का नवाब कुछ शेखीबाज किस्म का आदमी था। जल्द ही ये लोग बागी नायक लक्ष्मीबाई की प्रतिष्ठा और विशिष्टता से ईर्ष्या करने लगे। शायद उन्हें एक औरत का नेतृत्व और मार्गदर्शन स्वीकार करने में अपमान महसूस होता था। उस वक्त तक टोपे राव साहब को मनाने में कामयाब हो गया था कि उसे ही सेना का सेनापति नियुक्त कर दिया जाए। तात्या टोपे की बात मानकर राव साहब ने एक बार फिर भारी भूल की।

जनरल ह्यू रोज २५ अप्रैल को काल्पी पर धावा बोलने के लिए झाँसी से चल पड़ा।

लक्ष्मीबाई ने भारतीय सेनानायकों को समझाया कि वे काल्पी की दीवारों के भीतर ही कैद न रहें, बल्कि बाहर जाकर सावधानीपूर्वक योजना बनाकर पूरी तैयारी के साथ शत्रुओं का मुकाबला करें। बागी सेना ने कूँच शहर पर कब्जा जमा लिया था, जो झाँसी जानेवाली मुख्य सड़क से करीब दस मील दूर था। रानी ने इस जगह का चयन किया

था, क्योंकि आस-पास के घने जंगलों के कारण इस शहर पर आक्रमण करना कठिन था। इसके अलावा राव साहब ने पश्चिम दिशा से आनेवाले रास्तों और झाँसी द्वार पर भी मजबूत मोरचाबंदी कर ली थी।

शत्रु सेना की रणनीति का सटीक पूर्वानुमान लगाते हुए लक्ष्मीबाई ने एक कार्य योजना तैयार की जिससे ह्यू रोज को लड़ाई में जीतने का अवसर न मिले। टोपे बेतवा की लड़ाई में इसीलिए हार गया था क्योंकि उसने अपनी सेना के पार्श्व अंग को अनदेखा कर दिया था। महारानी ने सेना के पार्श्व अंग को मजबूत बनाने पर जोर दिया; लेकिन दुर्भाग्य से तात्या टोपे और राव साहब ने उनकी योजना को रद्द कर दिया। इसकी बजाय उन्होंने कस्बे की पश्चिमी रक्षापंक्ति पर ही पूरा भरोसा किया और निश्चिंत होकर ब्रिटिश फौजों के आगमन का इंतजार करने लगे।

अनुभवी योद्धा ह्यू रोज ने कोई दूसरी ही योजना बनाई थी। उसने किले के झाँसी द्वार पर धावा बोल दिया, जिसे लापरवाही से अरक्षित छोड़ दिया गया था। उसके बाद ब्रिटिश फौजों ने अपने रास्ते की सारी रुकावटों को आनन-फानन में छिन्न-भिन्न कर डाला। अपनी रक्षापंक्तियों को एक-एक कर धराशायी होता देख और बाजी अपने हाथ से निकलती देखकर पेशवा की सारी फौज कूँच से पलायन कर गई और काल्पी की ओर फैले लंबे-चौड़े मैदान में फैल गई। इस भगदड़ में पेशवा की सेना के छह सौ जवान मारे गए और पंद्रह तोपखाने नष्ट हो गए।

एक बार फिर तात्या टोपे लड़ाई खत्म होने से पूर्व ही अपनी फौज को छोड़कर भाग गया। इस बार उसकी मंजिल थी काल्पी से पच्चीस मील दूर स्थित एक गाँव चररती, जिसमें उसके माता-पिता रहते थे। अपने गिने-चुने सैनिकों के साथ रानी लक्ष्मीबाई काल्पी लौट आईं। वे बुरी तरह निराश और कुंठित हो गई थीं; उनकी कार्य योजना को नकार दिया गया था और इसके दुष्परिणाम-स्वरूप लड़ाई में मुँहकी खानी पड़ी थी तथा बागियों को एक बार फिर जान बचाकर भागना पड़ रहा था। तात्या टोपे और अन्य बागी नायकों के साथ लड़ने का

यह उनका पहला अनुभव था और इसी में उन्हें घोर निराशा का सामना करना पड़ रहा था; लेकिन अब भी वे अनंत काल तक लड़ने को तैयार थीं। काल्पी में भी उन्हें किसी भी क्षण लड़ाई छिड़ जाने की संभावना थी। तमाम बागी नायकों में सिर्फ वही एकमात्र ऐसी नायिका थीं जो कूँच की लड़ाई हार जाने के बाद भी अपना उत्साह कायम रखे हुई थीं।

कूँच की हार के बाद बागी सेना में आपसी दुश्मनी और लड़ाई का माहौल बन गया। पैदल सेना घुड़सवार सेना पर आरोप लगा रही थी कि वह आड़े वक्त में उन्हें छोड़कर भाग गई थी। सेना के तीनों अंग जनरल पर भी यही आरोप लगा रहे थे कि वह लड़ाई में पीठ दिखाकर भाग गया और सचमुच बेतवा की लड़ाई की तरह यहाँ भी तात्या टोपे बड़ी फुरती से सेना को भगवान् भरोसे छोड़कर भाग खड़ा हुआ था। लक्ष्मीबाई के अफगान सैनिकों पर भी लड़ाई में बहादुरी न दिखाने का आरोप लगाया। उनपर लड़ाई का मैदान जल्दी छोड़ देने का आरोप लगाया गया। इस तू-तू, मैं-मैं से बागियों की सभा में भ्रम पैदा हो गया। वहीं दूसरी ओर तेजी से आगे बढ़ती ब्रिटिश फौज के कारण काल्पी में डेरा डाले और काल्पी की ओर भागते बागी सैनिकों में भगदड़ मच गई। इसका नतीजा यह हुआ कि काल्पी शहर में किले और महल की रक्षा के लिए मात्र ग्यारह सैनिक ही रह गए।

इस संकटपूर्ण स्थिति में एक चमत्कार हो गया। बाँदा का नवाब एक बड़ी फौज के साथ अप्रत्याशित रूप से काल्पी पहुँच गया। उसके आ जाने से स्थिति रातोरात बदल गई। नवाब खुद भी बड़े जीवटवाला था। रानी के साहस और उत्साह के साथ मिल जाने से माहौल में छाई निराशा दूर हो गई और सारी सेना आत्मविश्वास से भर गई। नवाब के आगमन की खबर जंगल की आग की तरह चारों ओर फैल गई और छिपे भगोड़े सैनिक भी आस-पास के गाँवों और जंगलों से निकलकर सेना में शामिल हो गए।

आनन-फानन में एक आपात सभा बुलाकर पेशवा ने अगले कदम पर विचार-विमर्श किया, क्योंकि बगावत की स्थिति दिनोदिन बढ़ती जा रही थी। ब्रिटिश तोपों का निशाना काल्पी की दीवारों की ओर सध चुका था, जो बागियों का अंतिम गढ़ था। इसके अलावा उनके पास हथियारों या गोला-बारूद का और कोई जखीरा नहीं बचा था। रानी ने सभी रेजीमेंटों और टुकड़ियों के अफसरों को चेतावनी दी कि वे यह बात सुनिश्चित करें कि उनके सैनिक बिना आदेश के शत्रु पर आक्रमण न करें और शत्रु को अपनी स्थिति का भेद न दें। इस आखिरी लड़ाई के लिए रानी को सर्वसम्मति से सेना की कमांड सौंपी गई थी। उन्होंने कूँच की हार का बारीकी से विश्लेषण किया और यह निष्कर्ष निकाला कि उस युद्ध में ग्वालियर की लाल घुड़सवार सेना ने नासमझी का बरताव किया था। उचित समय से पहले ही ब्रिटिश फौज पर गोलाबारी शुरू कर दी थी। उन्हें यह नहीं पता था कि ह्यू रोज ने अपनी सेना को छोटे-छोटे समूहों में बाँट रखा था और जब एक समूह पर गोलाबारी हो रही थी तो अन्य समूह गोलाबारी करती लाल घुड़सवार सेना को घेरने में लगे हुए थे। घेराबंदी पूरी होते ही ब्रिटिश फौज ने भीषण गोलाबारी करके लाल घुड़सवार सेना का सफाया कर दिया। रानी को इसमें पूरा विश्वास था कि लड़ाई जीतने के लिए अनुशासन का पालन बेहद जरूरी है।

सरदारों और उनके सैनिकों ने वादा किया कि इस बार या तो वे शत्रु को हरा देंगे या खुद हार जाएँगे। राव साहब ने सुरक्षा-व्यवस्था को सुदृढ़ करने में कोई कसर नहीं छोड़ी। कूँच की तरफ से आनेवाली मुख्य सड़क पर उन्होंने व्यापक सुरक्षा इंतजाम किए। उन्हें पूरी उम्मीद थी कि ब्रिटिश फौज कूँच की तरफ से आक्रमण करेगी। बागियों को यह आशा भी थी कि शायद कड़ी धूप के कारण ब्रिटिश फौज की गति कुछ धीमी पड़ जाए और यह बात सबको ज्ञात थी कि कड़ी गरमी यूरोपीय अफसरों और सिपाहियों पर भारी पड़ रही थी। दरअसल, कड़ी

धूप ही ब्रिटिश फौज के लिए बागियों से भी अधिक घातक सिद्ध हो रही थी।

लेकिन रणनीति की लड़ाई में ह्यू रोज ने एक बार फिर बागियों को मात दे दी। कुटिल रणनीति चलते हुए वह बागी सैनिकों को उकसाकर ब्रिटिश फौज की गोलाबारी के घेरे में ले आया। यह बात रानी लक्ष्मीबाई के लिए बहुत अधिक निराशाजनक थी। उन्होंने पेशवा को मना किया था कि अपने सैनिकों को किसी भी स्थिति में शत्रु की गोलाबारी की सीमा में न आने दें। अब वे अपनी स्थिति से गोलाबारी झेल रहे सैनिकों की सहायता भी नहीं कर सकते थे। गोलों की बौछार से राव साहब की घुड़सवार सेना में भारी भगदड़ मच गई। उसी समय ह्यू रोज ने अपनी घुड़सवार सेना और तोपखाने को बागियों पर आक्रमण करने का आदेश दिया। पेशवा के सिपाही इस भीषण हमले के सामने टिक नहीं सके और पीठ दिखाकर भाग खड़े हुए। भगोड़े सैनिकों ने काल्पी के आस-पास के गाँवों और बीहड़ों में शरण ली।

अपने सैनिकों में मची भगदड़ देखकर राव साहब घबरा गए और बाँदा के नवाब के साथ वे भी मैदान छोड़कर भागने की सोचने लगे; लेकिन रानी लक्ष्मीबाई ने उनसे डटे रहने का आग्रह किया। अपने घोड़े पर सवार होकर लक्ष्मीबाई लाल घुड़सवारों की ओर तेजी से चल पड़ीं और शेरनी की भाँति शत्रु सेना के दाहिने पक्ष पर टूट पड़ीं। उनका आक्रमण इतना अप्रत्याशित और जबरदस्त था कि क्षण भर को ब्रिटिश सैनिक भौचक्के रह गए। उनकी वीरता देखकर पेशवा और नवाब भी जोश से भर गए और वे भी तेजी से शत्रु सेना पर धावा बोलने के लिए लपके। पेशवा के तोपखाने ने भी ब्रिटिश फौज पर भारी गोलाबारी शुरू कर दी। पैदल सेना भी अब जमकर गोलियाँ बरसा रही थी। मार-काट मचाती हुई रानी जल्द ही ब्रिटिश तोपखाने तक पहुँच गईं और वहाँ उन्होंने गरजती तोपों के मुँह बंद करवा दिए। इस मौके पर ह्यू रोज ने ऊँट दस्ते के साथ धावा बोल दिया। ऊँट दस्ते के आक्रमण से स्थिति

नाटकीय रूप से बदल गई। पेशवा के सैनिक इस मार-काट को झेल नहीं पाए और हड़बड़ी में बीहड़ों की ओर भाग खड़े हुए।

उसी दौरान राव साहब को, जो बाएँ मोरचे पर लड़ रहे थे और लक्ष्मीबाई को सहायता पहुँचाना चाहते थे, अंग्रेजी फौज ने बुरी तरह से रौंद डाला और काल्पी की ओर खदेड़ दिया।

उनकी दुर्गति की खबर से लक्ष्मीबाई और उनके सैनिकों की जीतने की रही-सही आस भी चकनाचूर हो गई। अब उन्होंने भी काल्पी की ओर पलायन करने का निश्चय किया। यह लड़ाई जीतने के बाद ह्यू रोज ने अगले दिन सुबह काल्पी पर आक्रमण करने का निश्चय किया; लेकिन बागियों के हौसले बुरी तरह पस्त हो गए थे। हताश, निराश और थकान से बेहाल बागी ब्रिटिश फौज के आने से पूर्व ही काल्पी छोड़कर चले गए थे। असल में अंग्रेजों ने काल्पी को बिना लड़ाई के ही जीत लिया था।

□

❋ चौदह ❋

काल्पी की पराजय के बाद लक्ष्मीबाई राव साहब के साथ गोपालपुर चली गईं, जो ग्वालियर से करीब छियालीस मील दूर है। जल्द ही बाँदा का नवाब और तात्या टोपे भी आकर उनसे मिल गए। बागियों की हालत बेहद खराब हो गई थी। वे अच्छी तरह जानते थे कि शीघ्र ही शत्रु उनका पीछा करते हुए वहाँ भी आ धमकेगा, और तब उनके पास कोई विकल्प नहीं बचेगा सिवाय पलटकर आक्रमण करने के। उनके पास ऐसी सेना थी जो बार-बार की पराजय से पस्त हो चुकी थी। बागी अपनी रक्षापंक्ति के तमाम अभेद्य समझे जानेवाले ठिकानों को खो चुके थे, जिनमें झाँसी और काल्पी के विशाल किले भी शामिल थे और इन सबसे बढ़कर उन्हें अपनी बंदूकों, तोपखानों तथा गोला-बारूद से भी हाथ धोना पड़ा था। ऐसा लगता था कि अब उनके सामने भगोड़ों के रूप में दुःख और तकलीफ से भरी जिंदगी जीने के अलावा कोई और चारा नहीं है।

रात-दिन बागी नेता अंग्रेजों के द्वारा पकड़े जाने से बचने के उपाय खोजा करते। राव साहब और नवाब में अंग्रेजों से और अधिक संघर्ष करने की हिम्मत नहीं थी। एक बार फिर रानी लक्ष्मीबाई ने उन्हें निष्क्रियता की अवस्था से उबारा और उनमें लड़ाई के लिए जोश-खरोश पैदा किया।

रानी ने उन्हें यह कहकर प्रेरित किया कि मराठा शासकों के पास अनगिनत अभेद्य किले हैं, लेकिन झाँसी और काल्पी के प्रमुख किले वे हार चुके हैं। अतः ऐसी अवस्था में यही अच्छा होगा कि किसी मजबूत किले पर कब्जा कर लिया जाए और उसकी दीवारों की सुरक्षा में विजयी होने तक संघर्ष चलाया जाए। सभी ने ऐसे संभावित किलों के बारे में सोचा-विचारा। रानी ने उनसे पूछा कि क्या वे किसी ऐसे किले के बारे में सोच पाए हैं? कोई उत्तर न मिलने पर रानी ने खुद ग्वालियर के किले का जिक्र किया।

वहाँ उपस्थित सभी सरदार हैरान रह गए। रानी के सुझाव ने एक बार फिर सिद्ध कर दिया कि वे सहज वृत्ति से किसी परिस्थिति का आकलन करती हैं और किसी भी समस्या का दुःसाहसपूर्ण समाधान बताने में सक्षम हैं। पेशवा ने गर्मजोशी से रानी को बधाई दी और तुरंत ही सिंधिया की राजधानी की तरफ कूच करने की तैयारियाँ शुरू कर दीं। इस प्रकार अद्‌भुत कल्पना के एक ही प्रहार से रानी ने बागी नेताओं का दिल जीत लिया और शत्रु की चाल को भी कुछ हद तक नाकाम कर दिया। जब अंग्रेजों को खबर मिली कि रानी लक्ष्मीबाई और राव साहब ग्वालियर की तरफ कूच कर रहे हैं तो वे दंग रह गए।

बड़े-बड़े कारनामों को अंजाम देनेवाले सभी गुण रानी में मौजूद थे। बुद्धिमानी, दुःसाहस और उत्साह उनमें कूट-कूटकर भरा था। अंग्रेजों के प्रति घृणा, बदला लेने की भावना, लहूलुहान अंतःकरण और जब तक मौका है तब तक प्रबल प्रहार करने की इच्छाशक्ति उन्हें संघर्ष जारी रखने के लिए प्रेरित कर रही थी। वे यह भी जानती थीं कि अगर पहला हमला सफल हो जाए तो सारे संघर्ष की तसवीर ही बदल जाएगी। अब राव साहब भी रानी से काफी प्रभावित हो चुके थे और उनकी हर बात मानते थे। ब्रिटिश अफसरों को पक्का यकीन था कि ग्वालियर पर धावा बोलने का सुझाव दुःसाहसी लक्ष्मीबाई ने ही लिया होगा। लक्ष्मीबाई के बारे में अंग्रेजों के विचार बहुत ऊँचे थे। वे उनसे डरते भी थे और

उनकी इज्जत भी करते थे। रानी का व्यक्तित्व इतना करिश्माई था।

ग्वालियर शहर आगरा से करीब अस्सी मील दक्षिण में प्रपाती पहाड़ियों की तलहटी में बसा हुआ है। ग्वालियर का किला, जिसके कारण ग्वालियर इतना महत्त्वपूर्ण है, एक-डेढ़ मील लंबी और करीब तीन सौ गज चौड़ी चट्टान पर बना हुआ है। इसकी ऊँचाई होगी करीब तीन सौ चालीस फीट। इतने बड़े किले में किसी भी वक्त कम-से-कम पंद्रह हजार सैनिक तैनात किए जा सकते हैं और इस कारण मराठा शासकों की नजर में ग्वालियर के किले का हमेशा बहुत महत्त्व रहा है।

अपनी विशिष्ट अवस्थिति और मध्य भारत में प्रभावशाली स्थिति के कारण ग्वालियर को हमेशा एक अति महत्त्वपूर्ण सैन्य चौकी समझा गया है। इसकी बेमिसाल मजबूती और रणनीतिक महत्त्व के कारण मराठों ने इसे हथियारों, तोपखानों और गोला-बारूदों का प्रमुख आधार बना रखा था। किले की दीवारों में बड़ी-बड़ी प्राकृतिक गुफाएँ थीं, जो पहाड़ी में नीचे गहराई तक जाती थीं। इन गुफाओं के कारण किले में साल भर साफ पानी उपलब्ध रहता है।

सिंधिया की फौजों को हराने और ग्वालियर के किले को जीतने का काम तात्या टोपे को सौंपा गया। तात्या उसी शाम ग्वालियर के लिए कूच कर गया। वह ग्वालियर के चप्पे-चप्पे से वाकिफ था।

इससे पहले भी वह ग्वालियर में तैनात ब्रिटिश फौजों की भारतीय टुकड़ियों को अपने विदेशी मालिकों के खिलाफ उकसाकर अपने साथ कानपुर ले आया था। जहाँ उनकी सहायता से उसने ब्रिटिश फौज को करारी मात दी थी। इस बार ग्वालियर का रुख कर तात्या टोपे ने बड़ा जोखिम उठाया था, क्योंकि वहाँ के राजा और उसके मंत्री दिनकर राव रजवाड़े के अंग्रेजों के साथ अच्छे संबंध थे। लेकिन फिर भी ग्वालियर में तात्या टोपे ने बड़ी चालाकी से जनता की भावनाओं को परखा और यह जाना कि ग्वालियर की जनता के मन में भी बागियों के प्रति सहानुभूति है। इसके अलावा उसका दामाद भी ग्वालियर में रहता था और शहर का

कोतवाल बिठूर का रहनेवाला था। वे दोनों उसके लिए सक्रियता से काम कर रहे थे।

ग्वालियर में कुछ दिन रहने पर तात्या टोपे ने पाया की सिंधिया की सेना, जिसमें ज्यादातर मराठा अंगरक्षक ही शामिल थे, वफादारी के मामले में बँटी हुई थी। सेना के अफसर और जवान राजा के प्रति पूरी तरह निष्ठाहीन तो नहीं थे, लेकिन उनके लिए बगावत के पक्ष में धार्मिक और जातिगत अपील को ठुकराना भी कठिन था। उनमें से अनेक का यह भी मानना था कि महाराजा पेशवा शासन के प्रति गद्‌दारी कर रहा है, जिसने उसे ग्वालियर पर शासन करने का अधिकार दिया। इस प्रकार तात्या सैनिक अधिकारियों से यह औपचारिक वचन हासिल करने में सफल हो गया कि पेशवा के ग्वालियर पर आक्रमण करने की स्थिति में वे उसका न्यूनतम प्रतिरोध करेंगे। वापस गोपालपुर पहुँचकर तात्या टोपे ने अपने साथियों को यह खबर सुनाई कि ग्वालियर की राजनीतिक स्थिति वहाँ के सत्ता-परिवर्तन करने के लिए एकदम अनुकूल है।

पेशवा ग्वालियर के राजा के साथ किसी भी तरह के टकराव से बचना चाहते थे, बशर्ते कि राजा उनके साथ सहयोग करता। इसलिए उन्होंने शिष्टाचारपूर्वक एक संदेश ग्वालियर के राजा के पास भेजा कि वे लोग ग्वालियर आ रहे हैं और उनके मन में दुश्मनी की जरा भी भावना नहीं है। उन्हें सिर्फ गोला-बारूद और कुछ धन चाहिए। किसी भी तरह का प्रतिरोध बेकार होगा, क्योंकि ग्वालियर की जनता और सैनिक ब्रिटिश शासक के पूर्णत: खिलाफ हैं और बागियों को ग्वालियर शहर से बुलावा-पत्र तथा आश्वासन मिला है।

ग्वालियर का महाराजा पूरी तरह से अपने मंत्री दिनकर राव पर निर्भर था, जो अंग्रेजों के हाथ का खिलौना था। इसलिए स्पष्ट था कि महाराजा ने पेशवा राव साहब की अपील पर जरा भी ध्यान नहीं दिया और युद्ध की तैयारियाँ शुरू कर दीं। उसे पूरा यकीन था कि उसके सैनिक उसका साथ देंगे। दिनकर राव ने भी प्रतिरक्षा नीति का समर्थन

किया। उसे उम्मीद थी कि टकराव के दौरान ब्रिटिश फौज सहायता के लिए आ जाएगी; लेकिन महाराजा अपनी युद्धकला और अंग्रेजों के प्रति वफादारी दिखाने के लिए बेचैन हो रहा था। इसलिए उसने अपने सैनिकों को पेशवा की सेना पर आक्रमण करने का आदेश दे दिया। खुद आठ हजार सैनिकों और चौबीस तोपों के साथ पेशवा से लड़ने के लिए ग्वालियर से आठ मील दूर बूढ़ागाँव की ओर चल दिया। वहाँ पहुँचते ही उसने पेशवा की सेना पर गोलाबारी शुरू करवा दी। तात्या टोपे को यह देखकर बड़ी हैरानी हुई, क्योंकि उसे तो आश्वासन मिला था कि सिंधिया की सेना जरा भी प्रतिरोध नहीं करेगी। यह सब देखकर वह हतप्रभ रह गया। उसने अपने साथियों से कहा कि हमें तोपों की सलामी दी जा रही है। रानी को तात्या टोपे की मूर्खतापूर्ण बात पर हँसी आई। दो सौ घुड़सवारों को साथ लेकर रानी महाराजा के तोपखाने पर टूट पड़ीं। युद्धभूमि में लक्ष्मीबाई की उपस्थिति ने जो असर दिखाया वह तात्या टोपे की तमाम कूटनीति और षड्यंत्र नहीं दिखा सके थे। रानी के आने की खबर से ही सिंधिया के सैनिक तोपखाना छोड़कर भाग खड़े हुए। देखते-ही-देखते सिंधिया की सेना इस प्रकार तितर-बितर हो गई जैसे धूप में बर्फ पिघल जाती है। कुछ सैनिक भाग गए और कुछ ने पेशवा की सेना से हाथ मिला लिया।

महाराजा ने अपने अंगरक्षकों को लड़ने के लिए उकसाने का असफल प्रयास किया। नतीजे में उसके साठ सैनिक मारे गए और अनेक घायल हो गए। उसके बाद महाराजा भागकर नजदीक की एक पहाड़ी पर चढ़ गया और वहाँ से नीचे का नजारा देखने लगा। उसकी सारी सेना वापस किले की ओर जा रही थी। यह दृश्य देखकर अपने घोड़े को सरपट दौड़ाता हुआ महल में पहुँचा और कपड़े बदलकर जान बचाते हुए आगरा की ओर भाग निकला।

राव साहब विजेता की तरह ग्वालियर शहर में दाखिल हुए और महल पर कब्जा कर लिया। फिर एक भव्य दरबार लगाकर पेशवा ने

स्वयं को मराठा राज्य संघ का सर्वोच्च शासक घोषित किया। दरबार के लिए इतना विशाल तंबू लगाया गया था, जिसमें हजारों आदमी समा सकते थे। दरबार को मराठा पताकाओं से सजाया गया था।

तात्या टोपे को सम्मानजनक आसन दिया गया था। उसके साथ में अपनी विशेष रंग-बिरंगी वरदियाँ पहने और कमर में तलवार बाँधे रुहेला, राजपूत, अफगान और पठान सरदार भी थे। बड़ा ही प्रभावोत्पादक और दर्शनीय दृश्य था, जो मराठा वैभव के चरमोत्कर्ष की याद दिला रहा था। विद्वान् ब्राह्मण वैदिक मंत्रों का उच्चारण कर रहे थे। इन मंत्रों के बीच जब पेशवा सिंहासन पर आरूढ़ हुए तो एक सौ एक तोपों ने गरजकर किले में नए शासन की उद्घोषणा की।

वहाँ उपस्थित सरदारों और प्रजाजनों ने राव साहब को हिंदूराज की पुनस्स्थापना और मराठा शान के पुनरुत्थान के लिए गर्मजोशी से बधाइयाँ दीं। अपनी वफादारी और आस्था दरशाने के लिए वहाँ उपस्थित सैन्य अधिकारियों ने अपनी-अपनी तलवारें चाँदी के थाल में रखकर राव साहब के सामने प्रस्तुत कीं। राव साहब ने तलवारों को छूकर उन्हें सैन्याधिकारियों को वापस कर दिया, जो यह दरशाता था कि उन्होंने उनकी वफादारी को स्वीकार कर लिया है। पेशवा ने सरदारों को उनके समर्थन के लिए धन्यवाद दिया एवं उन सरदारों को शॉलें ओढ़ाकर और पदवी देकर सम्मानित किया, जो अभी तक वफादारी के साथ उनका साथ दे रहे थे। इस तरह एक बार फिर स्वतंत्रता की चेतना का जन्म हुआ और सारा वातावरण उत्साह और उमंग से भर गया। वहाँ उपस्थित सभी लोगों ने महसूस किया कि घृणित विदेशी शासकों को भारत से खदेड़ दिया गया है और देश आजाद हो गया है।

□

❋ पंद्रह ❋

पेशवा का विजयोत्सव कई दिनों तक चलता रहा। काफी शानदार समारोह आयोजित किए गए, जो प्रचार-प्रसार के लिए जरूरी भी थे। पेशवा एक ऐसे केंद्रबिंदु का निर्माण कर रहे थे जहाँ देश भर के बागी सैनिक जुट सकते थे। उन्हें और तात्या टोपे दोनों को उम्मीद थी कि दक्कन के मराठा रजवाड़े भी उनकी मुहिम में शामिल हो जाएँगे, क्योंकि उन्हें पेशवा परिवार से गहरी सहानुभूति और प्यार था। लेकिन सत्ता के साधनों को हासिल करना और उन्हें प्रभावशाली तरीके से कायम रखना दो अलग-अलग बातें हैं। और इसी मुद्दे पर राव साहब तथा रानी लक्ष्मीबाई के बीच मतभेद उभरने लगे। रानी का मानना था कि राव साहब के अर्द्ध-राज्याभिषेक समारोह का लोगों को प्रभावित करने और मराठों के प्राचीन गौरव को पुनर्जीवित करने का मनचाहा असर नहीं पैदा कर पाया। इसके लिए जरूरी है कि दुश्मन को पूरी तरह से हरा दिया जाए। लेकिन रानी ने पेशवा की मूर्खतापूर्ण व्यवहार का खुलकर विरोध नहीं किया। इसकी बजाय उन्होंने उत्सवों और समारोहों से दूर रहकर अपनी अस्वीकृति और अप्रसन्नता जाहिर की।

लक्ष्मीबाई ने कुछ दिनों तक समारोहों की धूमधाम के कम हो जाने का धैर्यपूर्वक इंतजार किया; लेकिन पेशवा के व्यवहार में कोई परिवर्तन न देखकर उन्होंने उन्हें उनके बरताव की अव्यावहारिकता

और मूर्खता के बारे में साफ-साफ बताने का फैसला किया। स्पष्ट शब्दों में रानी ने राव साहब को बता दिया कि सिंधिया को जीतकर उनका सिर फिर गया है और वे अपने आपको संपूर्ण धरती का मालिक समझने लगे हैं। उनका यह बरताव आगे चलकर गंभीर खतरा पैदा कर सकता है। उन्होंने राव साहब को सावधान भी किया कि वे दुश्मन की ताकत व स्रोतों को कम करके न आँकें और यह भी न भूलें कि अंग्रेज बहुत चालाक जाति है। उन्होंने राव साहब को समझाया कि ग्वालियर का किला जीतकर और सिंधिया की फौज पर अधिकार प्राप्त कर उन्हें किसी भ्रम में नहीं रहना चाहिए, बल्कि अब उन्हें और अधिक सावधान हो जाना चाहिए, क्योंकि दुश्मन का आक्रमण किसी भी दिशा से और कभी भी हो सकता है।

ग्वालियर पर कब्जे के साथ सौभाग्य से राव साहब के हाथों एक विशाल सेना, युद्ध सामग्रियों का बड़ा भंडार और धन लग गया था। किले की सैन्य छावनी ने अपने द्वार उनके लिए खोल दिए थे। इस छावनी के पचास-साठ तोपखाने, भारी मात्रा में गोला-बारूद और पूरा आयुध भंडार भी राव साहब के हाथ लग गया। काल्पी से जो बागी अव्यवस्थित और लाचार भीड़ की तरह पलायन कर गए थे अब दोबारा से बेशुमार धन और युद्ध सामग्रियों के मालिक थे; साथ ही एक सुसज्जित सेना का साथ भी उन्हें मिल गया था। लक्ष्मीबाई भाग्य की इस अनुकूलता का अपनी और अन्य बागियों की स्थिति को मजबूत करने में भरपूर उपयोग करना चाहती थीं, लेकिन पेशवा उनकी चेतावनी को अनसुना कर समय बरबाद करते गए और खजाने को फिजूलखर्ची तथा मौज-मस्ती में उड़ाने लगे। नतीजा यह हुआ कि जब ब्रिटिश फौज ने ह्यू रोज के नेतृत्व में ग्वालियर की तरफ कूच किया तो पेशवा असावधान पकड़ लिये गए।

बड़ी हैरानी की बात है कि पेशवा और टोपे दोनों शत्रु की गतिविधियों के बारे में इतने बेखबर थे कि जब ब्रिटिश फौजों ने उनके द्वार खटखटाए

तभी उन्हें होश आया। हमेशा की तरह इस बार भी आखिरी घड़ी में उनकी आँख खुली, और तब वे हड़बड़ी में जल्दी-जल्दी अपने हथियारों और सेना को सँभालने लगे। शायद उन्हें जरा भी उम्मीद नहीं थी कि ह्यू रोज इतनी जल्दी उनके पीछे ग्वालियर आ जाएगा। रानी के शब्द सच साबित हुए। हारकर उन्होंने एक बार फिर रानी की शरण ली; लेकिन इस बार रानी का रुख बेहद नाराजगीपूर्ण और कठोर था। उन्होंने गुस्से में जवाब दिया कि राव साहब ने विजय की सारी उम्मीदों को चकनाचूर कर दिया और हमेशा उनकी सलाह को अनदेखा किया। उन्होंने तात्या को सलाह दी कि इस बार का आक्रमण आकस्मिक और दृढ़ इरादों के साथ होना चाहिए और इतना व्यापक हो कि शत्रु को पीछे हटने के अलावा कोई और रास्ता न नजर आए।

इस सलाह-मशविरे के बाद तात्या टोपे ने रानी को ग्वालियर के पूर्वी हिस्से की सुरक्षा का भार सौंपा और खुद तेजी से राव साहब के पास पहुँचा ताकि तैयारियाँ कर सके।

१८ जून आई। ज्येष्ठ शुक्ला सप्तमी। शुक्रवार। सफेद और पीली पौ फटी। उषा ने अपनी मुसकान बिखेरी। रानी स्नान-ध्यान और गीता के अठारहवें अध्याय के पाठ से निवृत्त हो चुकी थीं। झींगुरों की झंकार पर एकाध चिड़िया ने चहक लगाई। रानी ने अपने रिसाले की लालकुर्ती की मर्दाना पोशाक पहनी। दोनों ओर एक-एक तलवार बाँधी और पिस्तौलें लटकाईं। गले में मोतियों और हीरों की माला, जिससे संग्राम के घमासान में उनके सिपाहियों को उन्हें पहचानने में सुविधा रहे। लोहे के कुले पर चंदेरी का जरतारी लाल साफा बाँधा। लोहे के दस्ताने और भुजबंद पहने। इतने में उनके पाँचों सरदार आ गए।

मुंदर ने बताया कि सरकार, घोड़ा लँगड़ाता है। कल की लड़ाई में या तो घायल हो गया है या ठोकर खा गया है।

रानी ने आज्ञा दी कि तुरंत दूसरा अच्छा और मजबूत घोड़ा ले आओ।

मुंदर घोड़ा लेने गई और उसने अस्तबल में से एक बहुत तगड़ा और देखने में पानीदार घोड़ा चुना।

अस्तबल के प्रहरी ने बताया कि सिंधिया सरकार का यह खास घोड़ा है।

मुंदर बोली, खास ही चाहिए। हमारी सरकार की सवारी में आएगा। मुंदर जल्दी में थी। घोड़ा लेकर चली आई।

रानी ने अपने सरदारों को हिदायतें दीं कि कुँवर गुलमुहम्मद, आज तुमको अपने जौहर का जौहर दिखलाना है। कल की लड़ाई का हाल देखकर आज जीत की आशा होती है। परंतु यदि पश्चिम या उत्तर का मोरचा उखड़ जाए तो उसको सँभालना और दक्षिण चल पड़ने की तैयारी में रहना।

गुलमुहम्मद बोला, अम सब पठान आज कट जाने की कसम खाया है। जो बचेगा बो दखन जाएगा। आप दखन जाना सरकार। अमारा राहतगढ़ लेना। अमारा भौत पठान वहाँ मारा गया। उनका यादगार बनवाना।

रानी ने कहा, दक्षिण जाने की बात तो तब उठेगी जब यहाँ कुछ हाथ न रहे। फौजदार के विचार में जीतने की बात पहले उठनी ही चाहिए; परंतु दूसरी बात जो तय की जाए वह बच निकलने और फिर कहीं जमकर युद्ध करने की है।

मुंदर बोली, सरकार, कुछ जलपान कर लें। इसी समय से हवा में कुछ गरमी है। लगता है, आज लू बहुत चलेगी।

रानी ने कहा, तुम लोग कुछ खा लो। दामोदर राव को खूब खिला-पिला लो। पीठ पर पानी का प्रबंध रखना। मैं केवल शरबत पिऊँगी।

मुंदर और रघुनाथसिंह गए। दामोदर राव आ गया। रानी ने उसको खिलाया-पिलाया।

मुंदर और रघुनाथसिंह ने कुछ भी न खाकर जेबों में कलेवा डाला और पीठ पर पानी का बरतन कस लिया। झटपट शरबत बनाया।

रघुनाथसिंह ने कहा, रानी साहिबा का साथ एक क्षण के लिए भी

न छूटने पाए। आज अंतिम युद्ध लड़ने जा रही हैं।

मुंदर ने पूछा, आप कहाँ रहेंगे?

रघुनाथसिंह ने स्पष्ट किया कि जहाँ उनकी आज्ञा होगी। वैसे आप लोगों के समीप ही रहने का प्रयत्न करूँगा।

दूर से दुश्मन के बिगुल के शब्द की झाईं कान में पड़ी। मुंदर ने रघुनाथसिंह को मस्तक नवाकर प्रणाम किया और उसने ओट में जल्दी-जल्दी आँसू पोंछ डाले। रघुनाथसिंह ने मुंदर को नमस्कार किया और दोनों शरबत लिये हुए रानी के पास पहुँचे।

मुंदर ने जूही को पिलाया, रघुनाथसिंह ने रानी को। अंग्रेजों की बिगुल का साफ शब्द सुनाई दिया। तोप का धड़का हुआ, गोला सन्नाकर ऊपर से निकल गया। रानी दूसरा कटोरा नहीं पी सकीं।

रानी ने रामचंद्र देशमुख को आदेश दिया, दामोदर को आज तुम पीठ पर बाँधो। यदि मैं मारी जाऊँ तो इसको किसी तरह दक्षिण सुरक्षित पहुँचा देना। तुमको आज मेरे प्राणों से बढ़कर अपनी रक्षा की चिंता करनी होगी। दूसरी बात यह है कि मारी जाने पर ये विधर्मी मेरी देह को छूने न पाएँ, बस। जल्दी मेरा घोड़ा लाओ।

मुंदर घोड़े ले आई। उसकी आँखें छलछला रही थीं। पूर्व दिशा में अरुणिमा फैल गई। अबकी बार कई तोपों का धड़ाका हुआ।

रानी मुसकराईं और बोलीं, यह तात्या की तोपों का जवाब है। मुंदर की छलछलाती हुई आँखों को देखकर कहा, 'यह समय आँसुओं का नहीं है, मुंदर। जा, तुरंत अपने घोड़े पर सवार हो।' अपने लिए आए हुए घोड़े को देखकर बोलीं, यह अस्तबल को प्यार करनेवाला जानवर है; परंतु अब दूसरे को चुनने का समय ही नहीं है। इसी से काम निकालूँगी।

जूही के सिर पर हाथ फेरकर कहा, जा जूही अपने तोपखाने पर। छका तो दे इन बैरियों को आज।

अंग्रेजों के गोलों की वर्षा हो उठी। रानी के सब सरदार और सवार घोड़ों पर जम गए, जूही का तोपखाना आग उगलने लगा।

इतने में सूर्य का उदय हुआ। सूर्य की किरणों ने रानी के सुंदर मुख को प्रदीप्त किया। उनके नेत्रों की ज्योति दुहरे चमत्कार से भासमान हुई। लाल वरदी के ऊपर मोती-हीरों का कंठा दमक उठा और चमक पड़ी म्यान से निकली हुई तलवार।

रानी ने घोड़े को एड़ लगाई। घोड़ा पहले जरा हिचका, फिर तेज हो गया। रानी ने सोचा, कई दिन का बँधा होगा, थोड़ी देर में गरम हो जाएगा।

उत्तर और पश्चिम की दिशाओं में तात्या और रावसाहब के मोरचे थे। दक्षिण में बाँदा के नवाब का, रानी ने पूर्व की ओर झपट लगाई।

गत दिवस की हार के कारण अंग्रेज जनरल सावधान व चिंतित हो गए थे। इन लोगों ने अपनी पैदल पलटनें पूर्व और दक्षिण की बीहड़ में छिपा लीं और हुजर (Hussars) सवारों को कई दिशाओं में आक्रमण की योजना बनाई। तोपें पीठ पर रक्षा के लिए थीं ही। हुजर सवारों ने पहला हमला कड़ाबीन बंदूकों से किया। बंदूकों का जवाब बंदूकों से दिया गया। रानी ने आक्रमण पर आक्रमण करके हुज़र सवारों को पीछे हटाया। दोनों ओर के सवारों की बेहिसाब दौड़ से धूल के बादल छा गए। रानी के रणकौशल के मारे अंग्रेज जनरल थर्रा गए। काफी समय हो गया, परंतु अंग्रेजों को पेशवाई मोरचा से निकल जाने की गुंजाइश न मिली।

जूही की तोपें गजब ढा रही थीं। अंग्रेज नायक ने इन तोपों का मुँह बंद करना तय किया। हुजर सवार बढ़ते जाते थे, मरते जाते थे, परंतु उन्होंने इस तरफ की तोपों को चुप कराने का निश्चय कर लिया था। रानी ने जूही की सहायता के लिए कुमुक भेजी। उसी समय उनको खबर मिली कि पेशवा की अधिकतर ग्वालियरी सेना और सरदार 'अपने महाराज' की शरण में चले गए।

गाँठ में समय न होने के कारण कुछ नहीं किया जा सकता था। रानी बोलीं कि अब जो कुछ संभव है, वह करो।

रानी की लालकुर्ती अब तलवार खींचकर आगे बढ़ी। उस धूल-धूसरित प्रकाश में भी तलवारों की चमचमाहट ने चकाचौंध पैदा कर दी। कुछ ही समय पश्चात् समाचार मिला कि ग्वालियरी सेना के परपक्ष में मिल जाने के कारण रावसाहब के दो मोरचे छिन गए हैं और अंग्रेज उनमें से घुसने लगे हैं। रानी के पीछे पैदल पलटन थी। उसको स्थिति सँभालने की आज्ञा देकर वह एक ओर बढ़ीं। उधर हुजर सवार जूही के तोपखाने पर जा टूटे। जूही तलवार से भिड़ गई। घिर गई और मारी गई। मरते समय उसने आह तक नहीं की। घिर गई थी, परंतु शत्रु की तलवार चीरने में, जिस बात में असमर्थ रही, वह थी जूही ही क्षीण मुसकराहट, जो उसके होंठों पर अनंत दिव्यता की गोद में खेल गई।

वरदी के कट जाने पर हुजरों ने देखा कि तोपखाने का अफसर गोरे रंग की एक सुंदर युवती थी! और उसके होंठों पर मुसकराहट थी!

समाचार मिलते ही रानी ने इस तोपखाने का प्रबंध किया।

इतने में ब्रिगेडियर स्मिथ ने अपने छिपे हुए पैदल सैनिकों को छिपे हुए स्थानों से निकाला। वे संगीनें सीधी किए रानी के पीछेवाली पैदल पलटन पर दो पार्श्वों से झपटे। पेशवा की पैदल पलटन घबरा गई। उसके पैर उखड़े और भाग उठी। रानी ने प्रोत्साहन, उत्तेजन दिया, परंतु उनके और उस भागती हुई पलटन के बीच में गोरों की संगीनें और हुजरों के घोड़े आ चुके थे।

अंग्रेजों की कड़ाबीनें, संगीनें और तोपें पेशवाई सेना का संहार कर उठीं। पेशवा की दो तोपें भी उन लोगों ने छीन लीं। अंग्रेजी सेना बाढ़ पर आई हुई नदी की तरह बढ़ने और फैलने लगी।

रानी की रक्षा के लिए लालकुर्ती सवार अटूट शौर्य और अपार विक्रम दिखाने लगे। न कड़ाबीन की परवाह, न संगीन का भय और तलवार तो मानो उनको ईश्वरीय देन थी। उस तेजस्वी दल ने घंटों अंग्रेजों का प्रचंड सामना किया। रानी धीरे-धीरे पश्चिम-दक्षिण की ओर अपने मोरचे की शेष सेना से मिलने के लिए मुड़ीं। यह मिलान

लगभग असंभव था, क्योंकि उस भागती हुई पैदल पलटन और रानी के बीच में बहुसंख्यक हुजर सवार और संगीनबरदार पैदल थे; परंतु उन बचे-खुचे लालकुर्ती वीरों ने अपनी तलवारों की आड़ बनाई।

रानी ने घोड़े की लगाम अपने दाँतों में थामी और दोनों हाथों से तलवार चलाकर अपना मार्ग बनाना आरंभ कर दिया। दक्षिण-पश्चिम की ओर सोनरेखा नाला था। आगे चलकर बाबा गंगादास की कुटी थी। कुटी के पीछे दक्षिण और पश्चिम की ओर हटती हुई पेशवाई पैदल पलटन।

मुंदर रानी के साथ थी। अगल-बगल रघुनाथसिंह और रामचंद्र देशमुख। पीछे कुँवर गुलमुहम्मद और केवल बीस-पच्चीस अवशिष्ट लाल सवार। अंग्रेजों ने थोड़ी देर में इन सबके चारों तरफ घेरा डाल दिया। अंग्रेज सिमिट-सिमिटकर उस घेरे को कम करते जा रहे थे।

परंतु रानी की दुहत्थू तलवारें आगे का मार्ग साफ करती चली जा रही थीं। पीछे के वीर सवारों की संख्या घटते-घटते नगण्य हो गई। उस समय तात्या ने रुहेली और अवधी सैनिकों की सहायता से अंग्रेजों के व्यूह पर प्रहार किया। तात्या कठिन-से-कठिन व्यूह में से होकर बच निकलने की रणविद्या का पारंगत पंडित था। अंग्रेज थोड़े से सवारों को लालकुर्ती का पीछा करने के लिए छोड़कर तात्या की ओर मुड़ गए। सूर्यास्त होने में कुछ विलंब था।

लालकुर्ती का अंतिम सवार मारा गया। रानी के साथ केवल चार सरदार और उनकी तलवारें रह गईं। पीछे से कड़ाबीन और तलवारवाले दस-पंद्रह गोरे सवार। आगे कुछ संगीनवाले गोरे पैदल।

रानी ने पीछे की तरफ देखा—रघुनाथसिंह और गुलमुहम्मद तलवार से अंग्रेज सैनिकों की संख्या कम कर रहे थे। एक ओर रामचंद्र देशमुख की सहायता के लिए मुंदर को इशारा किया। एक संगीनबरदार की हूल रानी के सीने के नीचे पड़ी। उन्होंने उसी समय तलवार से उस संगीनबरदार

को खत्म किया। हूल करारी थी, परंतु आँतें बच गईं।

रानी ने सोचा, स्वराज्य की नींव बनने जा रही हूँ। रानी के खून बह निकला।

उस संगीनबरदार के खत्म होते ही बाकी भागे। रानी आगे निकल गईं। उनके साथी भी दाएँ-बाएँ और पीछे। आठ-दस गोरे घुड़सवार उनका पीछा करते हुए।

रघुनाथसिंह पास था। रानी ने कहा, मेरी देह को अंग्रेज न छूने पाएँ।

गुलमुहम्मद ने भी सुना—और समझ लिया। वह और भी जोर से लड़ा।

एक अंग्रेज सवार ने मुंदर पर पिस्तौल दागी। उसके मुँह से केवल ये शब्द निकले—बाई साहब, मैं मरी। मेरी देह···भगवान्।

अंतिम शब्द के साथ उसने एक दृष्टि रघुनाथसिंह पर डाली और वह लटक गई। रानी ने मुड़कर देखा। रघुनाथसिंह से कहा, सँभालो उसे। उसके शरीर को ये फिरंगी न छूने पाएँ। और वे घोड़े को मोड़कर सवारों पर तलवारों की बौछार करने लगीं। कई कटे। मुंदर को मारनेवाला मारा गया।

रघुनाथसिंह फुरती के साथ घोड़े से उतरा। अपना साफा फाड़ा। मुंदर के शव को पीठ पर कसा और घोड़े पर सवार होकर आगे बढ़ा। गुलमुहम्मद बाकी सवारों से उलझा। रानी ने फिर सोनरेखा नाले की ओर घोड़े को बढ़ाया। देशमुख साथ हो गया।

अंग्रेज सवार चार-पाँच रह गए थे। गुलमुहम्मद उनको बहकावा देकर रानी के साथ हो लिया। रानी तेजी के साथ नाले की ढी पर आ गईं। घोड़े ने आगे बढ़ने से इनकार कर दिया—बिलकुल अड़ गया। रानी ने पुचकारा। कई प्रयत्न किए, परंतु सब व्यर्थ।

अंग्रेज सवार आ पहुँचे। एक गोरे ने पिस्तौल निकाली और रानी पर दागी। गोली उनकी बाईं जंघा में लगी। वे गले में मोती-हीरों का

दमदमाता हुआ कंठा पहने हुए थीं। उस अंग्रेज सवार ने रानी को कोई बड़ा सरदार समझकर विश्वास कर लिया कि अब कंठा मेरा हुआ। रानी ने बाएँ हाथ की तलवार फेंककर घोड़े की लगाम पकड़ी और दूसरी जाँघ तथा हाथ की सहायता से अपना आसन सँभाला। इतने में वह सवार और भी निकट आया। रानी ने दाएँ हाथ के वार से उसको समाप्त कर दिया। उस सवार के पीछे से एक और सवार निकल पड़ा।

रानी ने आगे बढ़ने के लिए एक पैर की एड़ लगाई।

घोड़ा बहुत प्रयत्न करने पर भी अड़ा रहा। वह दो पैरों से खड़ा हो गया। रानी को पीछे खिसकना पड़ा। एक जाँघ काम नहीं कर रही थी। बहुत पीड़ा थी। पेट और जाँघ के घाव से खून के फव्वारे छूट रहे थे।

गुलमुहम्मद आगे बढ़े हुए अंग्रेज सवार की ओर लपका। परंतु अंग्रेज सवार ने गुलमुहम्मद के आ पहुँचने के पहले ही तलवार का वार रानी के सिर पर किया। वह उनकी दाईं ओर पड़ा। सिर का वह हिस्सा कट गया और दाईं आँख बाहर निकल पड़ी। इसपर भी उन्होंने अपने घातक पर तलवार चलाई और उसका कंधा काट दिया।

गुलमुहम्मद ने उस सवार के ऊपर कसकर भरपूर हाथ छोड़ा। उसके दो टुकड़े हो गए। बाकी दो-तीन अंग्रेज सवार बचे थे। उनपर गुलमुहम्मद बिजली की तरह टूट पड़ा। उसने एक को घायल कर दिया। दूसरे के घोड़े को लगभग अधमरा। वे तीनों मैदान छोड़कर भाग गए। अब वहाँ कोई शत्रु नहीं था। जब गुलमुहम्मद मुड़ा तो उसने देखा, रामचंद्र देशमुख घोड़े से गिरती हुई रानी को साधे हुए है।

दिन भर के थके-माँदे, भूखे-प्यासे, धूल और खून में सने हुए गुलमुहम्मद ने पश्चिम की ओर मुँह फेरकर कहा, 'खुदा, पाक परवरदिगार, रहम, रहम!'

उस कट्टर सिपाही की आँखें आँसुओं को मानो बरसाने लगीं और वह बच्चों की तरह हिलक-हिलककर रोने लगा।

रघुनाथसिंह और देशमुख ने रानी को घोड़े पर से सँभालकर उतारा। आवेश में आकर उस अड़ियल घोड़े को एक लात मारी। वह अपने अस्तबल की दिशा में भाग गया।

रघुनाथसिंह ने देशमुख से कहा, एक क्षण का भी विलंब नहीं होना चाहिए। अपने घोड़े पर इनको होशियारी के साथ रखो और बाबा गंगादास की कुटी पर चलो। सूर्यास्त होना ही चाहता है।

देशमुख का गला रुँधा हुआ था। बालक दामोदर राव अपनी माता के लिए चुपचाप रो रहा था। रामचंद्र ने पुचकारकर कहा, इनकी दवा करेंगे, अच्छी हो जाएँगी, रोओ मत। उसने रघुनाथसिंह की सहायता से रानी को सँभालकर अपने घोड़े पर रखा।

रघुनाथसिंह ने गुलमुहम्मद से कहा, कुँवर साहब, इस कमजोरी से काम और बिगड़ेगा। याद करिए, अपने मालिक ने क्या कहा था। अंग्रेज अब भी मारते-काटते दौड़-धूप कर रहे हैं। यदि आ गए तो रानी साहब की देह का क्या होगा?

गुलमुहम्मद चौंक पड़ा। साफे के छोर से आँसू पोंछे। गला बिलकुल सूख गया था। आगे बढ़ने का इशारा किया। वे सब द्रुतगति से बाबा गंगादास की कुटी पर पहुँचे। रानी लक्ष्मीबाई अचेत हो गई थीं। उनके अनुचर असहाय भाव से उन्हें देख रहे थे। उनका अंत निकट जानकर बाबा गंगादास उनके पास गए और उन्हें सांत्वना दी। बाबा ने आहिस्ता से रानी के सूखे मुख में थोड़ा सा गंगाजल डाला। रानी ने एक मिनट के लिए अपनी आँखें खोलीं और बुदबुदाकर अपने गोद लिये बालक दामोदर का नाम पुकारा, फिर बड़े प्यार से उन्होंने दामोदर को सिर से पैर तक सहलाया। अपने विश्वासपात्र सरदार की ओर देखकर उन्होंने उसे दामोदर की जिम्मेदारी सौंपी और फिर आहिस्ता से अपनी आँखें मूँदकर अनंत निद्रा में सो गईं।

झाँसी और ग्वालियर के लोगों ने आज भी रानी के अंतिम समय को एक सुखद स्वप्न की तरह सँजो रखा है। लक्ष्मीबाई सन् १८५७

की बगावत में एकमात्र ऐसी नायिका थीं जिन्होंने युद्धभूमि से पलायन करने की बजाय मौत को गले लगाना वीरोचित समझा। वीरगाथाओं और विजय गीतों में बुंदेलखंड के मतवाले हर बोलों ने देश की इस महान् और निडर देशभक्त के आखिरी समय को सदा के लिए अमर कर दिया है।

□

※ सोलह ※

ग्वालियर पर दोबारा अधिकार करने और पेशवा की सेना के तितर-बितर हो जाने के बाद अब एक भी बागी सैनिक युद्धभूमि में नहीं था। आधिकारिक तौर पर भारत के सैनिक विद्रोह का अंत हो चुका था। भारत के विभिन्न हिस्सों में ग्रामीणों द्वारा उपलब्ध भोजन और सुरक्षा के बल पर छोटे-मोटे बागी समूह छिटपुट बगावत कर रहे थे। आखिरकार उन्हें भी चुन-चुनकर समाप्त कर दिया गया। सन् १८५९ में जाकर ही समूचे देश को एक बार फिर शांत घोषित किया गया। पर वास्तव में संघर्ष तो रानी लक्ष्मीबाई के बाद लंबे समय तक चला ही नहीं था।

लक्ष्मीबाई की मृत देह का बाबा गंगादास की कुटिया पर शीघ्रातिशीघ्र अंतिम संस्कार कर दिया गया; क्योंकि अंग्रेजी सैनिक उनका पीछा करते हुए आ रहे थे, और रानी की इच्छा थी कि फिरंगी उनके शरीर को छूने न पाएँ।

तात्या टोपे ने पराजय स्वीकार करने से इनकार कर दिया। अपने कुछ साथियों के साथ उसने छापामार लड़ाई शुरू कर दी और मध्य भारत के अंग्रेज अफसरों और सामंती सरदारों की नाक में दम करके रखा। तात्या टोपे ने छापामार लड़ाई में अधिक साहस और बेहतर युद्ध-कौशल का प्रदर्शन किया; जबकि सैन्य संचालन में वह हमेशा असफल

U.K. Bala

साबित होता रहा था। तात्या टोपे शायद कभी भी पकड़ा नहीं जाता, लेकिन उसके विश्वासपात्र मित्र राजा मानसिंह ने उसके साथ छल किया और उसे अंग्रेजों के हाथ पकड़वा दिया। काल्पी के निकट एक स्थान पर उसे १८ अप्रैल, १८५९ को फाँसी पर लटका दिया गया। तात्या टोपे ने बेहद सहजभाव तथा निडरता के साथ मौत का सामना किया और अंग्रेजों से जल्दी-से-जल्दी फाँसी पर लटकाने का आग्रह किया। राव साहब को भी अपराधी घोषित किया गया और सन् १८६२ में बिठूर में उनके महल के सामने ही उन्हें फाँसी पर लटका दिया गया। एक बात तो तय है कि अंग्रेजों ने सबसे अधिक राहत रानी की मृत्यु के बाद महसूस की और उनमें भी सबसे अधिक निश्चिंत ह्यू रोज रहा होगा। ब्रिटिश सेना में रानी के प्रति जो सम्मान भाव था उसे ह्यू रोज के शब्दों में ही बयान किया जा सकता है—'एक महिला होते हुए भी वह सबसे अधिक बहादुर थी और तमाम बागियों में सबसे अच्छी सैन्य संचालक भी। तमाम बागियों में वही एक मर्दानी थी।' ये मात्र शब्द ही नहीं हैं बल्कि अंग्रेजों की आदर के मूर्तस्वरूप हैं, क्योंकि अपने शत्रु के भी गुणों की उदारतापूर्वक प्रशंसा करना अंग्रेजों की बहुत बड़ी विशेषता रही है। झाँसी पर फतह ने ह्यू रोज को महान् नायक बना दिया और उसके सुख-समृद्धि में काफी वृद्धि हुई।

झाँसी के स्वर्गीय राजा के दत्तक पुत्र दामोदर राव के लिए जीवन और अधिक विकट नहीं हो सकता था। सन् १८५७ में वह मात्र दस साल का था और उसको किसी भी तरह से बगावत के लिए दोषी नहीं ठहराया जा सकता था, लेकिन उसे उन छह लाख रुपयों का कभी भी उपयोग करने की छूट नहीं दी गई थी जो सरकार ने उसके नाम से सुरक्षित रखे थे और बालिग होने पर उसे सौंप देने थे। बगावत की चिनगारी बुझ जाने के बाद दो साल तक दामोदर भगौड़े की जिंदगी जीता रहा, जिसका उसकी सेहत पर काफी बुरा असर पड़ा। उसे तेज बुखार और दस्त की शिकायत रहने लगी। वह हमेशा से एक नाजुक

बालक था और लक्ष्मीबाई ने बहुत प्यार तथा सावधानी से उसका पालन-पोषण किया था। इस कारण भी वह जंगलों में खानाबदोश जीवन की तकलीफों को नहीं झेल सका।

इतिहास में दामोदर राव की हैसियत एक प्यादे से अधिक नहीं रही। नियति ने हमेशा उसके साथ छल किया। उसके वास्तविक पिता वासुदेव ने उसे इस उम्मीद के साथ रानी को गोद दिया था कि एक दिन वह झाँसी के राजसिंहासन पर बैठेगा। बाद में जब उन्हें अपने पुत्र के दुर्भाग्य के बारे में पता चला तो उन्होंने अपनी तमाम जायदाद उसके नाम करने का प्रयास किया, क्योंकि उनका कोई और पुत्र नहीं था; लेकिन ब्रिटिश सरकार की नाराजगी के भय से वे अपनी इच्छा को पूरा नहीं कर सके। दामोदर की वास्तविक माता, वासुदेव की पत्नी भी एक बार दामोदर से मिलने आईं, लेकिन उनका यह मिलना सुखद साबित नहीं हो सका।

अपनी माता से लंबे समय अलग रहने के कारण दामोदर का मार्ग एकदम बदल गया था, जो उसकी माता से कभी भी मेल नहीं खा सका। अपने पुत्र को दोबारा प्राप्त करने की आस कभी भी पूरी न होने की संभावना देख दामोदर की माता विदीर्ण हृदय के साथ उसे इंदौर में छोड़कर घर आ गईं। भाग्य के खेल भी निराले होते हैं। अपने वास्तविक माता-पिता के जीवित होते हुए भी दामोदर राव अनाथ हो गया था। उसकी माता ने उसे कुछ रुपए-पैसे, गहने आदि भी देने चाहे, लेकिन उसने कुछ भी लेने से मना कर दिया, क्योंकि वह उनसे पूरी तरह परिचित भी नहीं था और जिस माता को वह जानता था वह अब इस दुनिया में नहीं थी।

बाद में दामोदर ने विवाह भी किया और पहली पत्नी की मृत्यु के बाद उसने दूसरी शादी भी की। उसके लक्ष्मण राव नाम का एक पुत्र भी था। बदकिस्मत, दामोदर सन् १९०६ में अट्ठावन साल की आयु में स्वर्ग सिधार गया।

रानी लक्ष्मीबाई को आज भी आदर और श्रद्धा के साथ याद किया जाता है। देश की प्रेरणा और महत्त्वाकांक्षा, आशाओं और आशंकाओं तथा अनुराग और विद्वेष का वे मूर्तमंत स्वरूप थीं। यों तो वे भी सैनिक बगावत के तमाम नेताओं में से एक थीं, लेकिन यह उनके पराक्रम और शौर्य का ही परिणाम था कि एक अर्द्ध-सैनिक और अर्द्ध-सामंती बगावत भारत के प्रथम स्वतंत्रता संग्राम में बदल गई। वे भी अपने वर्ग और वय की अन्य नारियों के समान थीं और उनका उद्देश्य अपने राज्य पर संप्रभुता-संपन्न अधिकार प्राप्त करने तक सीमित था; लेकिन इस उद्देश्य को उन्होंने मिशन बना दिया था और इस मिशन की एक ही प्रेरणा थी—देशभक्ति। उन्होंने अपने मिशन को 'अंग्रेजों के खिलाफ संघर्ष' घोषित किया था। बगावत के किसी भी अन्य नेता से कहीं अधिक उन्होंने भविष्य के एक स्वतंत्र भारत का सपना देखा था। अवश्य ही उनके अदम्य साहस ने हजारों अन्य लोगों को भी भारत की स्वतंत्रता के लिए प्राणपण से उठ खड़े होने के लिए प्रेरित किया। भारत के महान् दार्शनिक अरविंद घोष के शब्दों में—'किसी रचनाकार और महान् कार्यकर्ता को सिर्फ उसके द्वारा किए गए कार्य से ही नहीं आँकना चाहिए, बल्कि उस बड़े कार्य को भी ध्यान में रखना चाहिए जो उसके कारण संभव हो सका।' इस मानदंड के अनुसार रानी लक्ष्मीबाई इतिहास के तमाम महान् व्यक्तियों में उच्च स्थान प्राप्त करने की हकदार हैं। निःसंदेह रानी लक्ष्मीबाई राष्ट्रवादिता की एक महान् प्रतीक हैं।

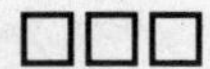